飞天花雨下的佛陀微笑

FEITIAN HUAYU XIA DE FOTUO WEIXIAO

赵声良 著

读者出版传媒股份有限公司
甘 肃 教 育 出 版 社

图书在版编目（CIP）数据

飞天花雨下的佛陀微笑 / 赵声良著. -- 兰州 : 甘肃教育出版社，2020.10
ISBN 978-7-5423-4901-9

Ⅰ. ①飞… Ⅱ. ①赵… Ⅲ. ①敦煌壁画—介绍②敦煌石窟—彩塑—介绍 Ⅳ. ① K879.41② K879.3

中国版本图书馆 CIP 数据核字(2020) 第127715号

飞天花雨下的佛陀微笑
FEITIAN HUAYU XIA DE FOTUO WEIXIAO
赵声良 著

策　　划　马永强
项目执行　李慧娟
责任编辑　李慧娟
书籍设计　张小乐　而　谈

出　版　甘肃教育出版社
社　址　兰州市读者大道 568 号　730030
网　址　www.gseph.cn　E-mail　gseph@duzhe.cn
电　话　0931-8439931（编辑部）　0931-8435009（发行部）
传　真　0931-8773056
淘宝官方旗舰店　http://shop111038270.taobao.com

发　行　甘肃教育出版社　印　刷　成都市金雅迪彩色印刷有限公司
开　本　880 毫米 ×1230 毫米　1/32　印　张　9　插　页　4　字　数　188 千
版　次　2020 年 10 月第 1 版
印　次　2020 年 10 月第 1 次印刷
印　数　1~ 3 000
书　号　ISBN 978-7-5423-4901-9　定　价　58.00 元

目录

目录

目录

前言

莫高窟位于敦煌市东南25公里处宕泉河畔，宕泉河水源于敦煌南部数百公里处祁连山的支脉，自南向北流下。宕泉河在下游把敦煌的地势分成了两部分，东面是三危山，山石坚硬，西侧是由沙漠形成的鸣沙山，山势平缓，常有流沙。据说在前秦建元二年（366），一个叫乐僔的和尚从中原云游至此。当他面对三危山参禅入定之时，忽见对面的三危山上出现了万道金

宕泉河畔的双塔

光，在金光中仿佛有千佛化现而出。乐僔感到十分神奇，他想一定是自己虔诚的修行得到的感应，于是决定住下来修行。他在宕泉河西岸的岩壁上开凿了一个石窟，用于坐禅修行。不久，一个叫法良的和尚从东方来到这里，在乐僔的禅窟旁又开凿了一个石窟。此后，石窟开凿得越来越多，有的是和尚们坐禅用的禅窟，更多的是世俗的人用来礼拜的洞窟。到了唐代，石窟已达一千多座。这一片石窟被称为“莫高窟”，也叫千佛洞。

莫高窟开窟的故事，来自唐代碑文的记录。虽说其中不免带有传说的成分，但从历史上考察，敦煌在魏晋南北朝时期已经是佛教兴盛之地，石窟和寺院的营建，完全是合乎史实的。

早在西汉时代，汉武帝于公元前111年设立敦煌郡，加强了敦煌与中央政府的联系，敦煌与酒泉、张掖、武威合称“河西四郡”，在当时成为西北地区的屏障。西汉至东汉中原与西域的多次征战中，敦煌成了强大的后方基地，具有十分重要的战略地位。西汉时张骞出使西域，开辟了中西方交流的通道，即“丝绸之路”。以后，随着中外政治、经济、文化交流的加深，丝绸之路不断繁荣，敦煌以其得天独厚的条件，源源不断地接受着来自西域的和内地的文化艺术的影响，敦煌成为中国西部的战略重镇，又是中外文化荟萃之地。东汉以后，佛教从印度传入中国，佛教文化在丝绸之路沿途地区得到广泛发展。敦煌

三危山

从东晋十六国以来，就是佛教文化传播的都会，高僧辈出，寺院林立，并在距敦煌市区二十多公里的地方开凿了莫高窟，在敦煌城西开凿了西千佛洞，在敦煌东部的瓜州开凿了榆林窟和东千佛洞，在敦煌南部的肃北县有五个庙石窟，这几处石窟群，统称为“敦煌石窟”。石窟与寺院的意义是相同的，石窟多远离城市，便于僧人和信众们修行。在山中开凿的石窟与木构建筑的寺院不同，还具有防火的功能，可以避免火灾及其他自然灾害，因此，得以保存久长。

在佛教兴盛的古代，寺院与石窟是人们礼拜的场所，同时也是广大信众们生活和进行文化活动的场所，艺术欣赏的场所，因此，在寺院（石窟）中雕塑出佛像，绘制壁画，既是宗教信仰的需要，也是当时人们的艺术欣赏（审美）的需要，寄托了人们对佛国美好世界的向往。

如今，隋唐时代长安、洛阳等大都市的很多寺院建筑早已灰飞烟灭。在敦煌这样的城市，古代寺院也消失殆尽，只有一些远离城市的石窟还保存着，敦煌石窟可以说是中国古代佛教艺术遗存最丰富的一处文化遗迹，是人类文化的瑰宝。

石窟这种形式最早源于古代印度。至今印度还保存着著名的阿旃陀石窟、埃罗拉石窟等多处石窟寺。佛教产生以后，

莫高窟外景

作为僧侣们的日常工作，他们要进行修行、说法及参加各种佛教仪式，于是针对不同的需要，就产生了相应的寺院和石窟等建筑。寺院是用砖石或木材建造的房屋建筑，而石窟则是开凿在山崖中的洞窟。本来，寺院与石窟有着同样的功能，为什么有了寺院后还要建造石窟呢？这恐怕有两个原因，一是寺院多建造在城市里，虽然有利于传播佛教教义，但僧侣们要修行，需要一个更为安静的环境，在幽静的山上或森林中，最适合修行，在山里凿窟而居的修行方式便成了佛教徒修行的重要方法。另外，土木结构的寺院常常会因火灾而化为灰烬，地处闹市，也会因政治变动或战争而受灾。所以选

莫高窟北区远眺

择在山中凿窟以代替寺院，其中也有避灾远祸的用意。因此，除了敦煌之外，在中国内地不少地方也开凿了石窟，如位于山西省大同市附近的云冈石窟、河南省洛阳市附近的龙门石窟、河北省邯郸市附近的响堂山石窟、甘肃省天水市附近的麦积山石窟等等。这些石窟都有一个特点，虽然总是选择风景优美的地方，但离一个城市的距离少则十来公里，多则二十多公里，在古代是人们步行可以到达的距离，这样就可以维持正常的生活供给，同时，也让信众们去参拜时不至于太辛苦。现在敦煌市到莫高窟的公路有25公里长，而古代从市镇穿越沙漠到达石窟的路途只有十多公里，这个距离是普通人行走可以到达的。

敦煌石窟从建筑形制来看，大体上有三种形式。

禅窟——是僧人们坐禅修行的洞窟。禅窟有两个类型，一是单室禅窟，一是多室禅窟。单室禅窟只有一个小室，供一人修行。多室禅窟可供数人一起修行。通常中央为一大室，两侧各有数个小室。如莫高窟第285窟，中央为方形主室，南北两侧各有四个小禅室，供僧人们修行。

中心柱窟——它源于印度的支提窟，也称塔庙窟。支提的意思就是塔，塔本是存放佛舍利（指佛的遗骨）的地方，

莫高窟第285窟　石窟形制　禅窟　西魏

在佛像产生之前，塔作为佛的象征物而被崇拜，所以在寺院和石窟中建塔，人们绕塔礼拜。印度的塔庙窟通常是在洞窟后部建一覆钵形佛塔，而敦煌的塔庙窟平面为长方形，在洞窟的后部有一个长方体的柱子，直通窟顶，称为塔柱，象征着佛塔，供人礼拜。因为佛塔的形式在中国发生了变化，虽然也有直接仿照印度式而建的覆钵塔，但从南北朝以来，中国式的长方体楼阁式塔十分流行。塔庙窟也因此按方形佛塔的形式建造了中心方柱，形成了敦煌特有的中心柱窟。在中心柱窟的前部窟顶，还建成了人字披屋顶。人字披是中国传统建筑的形式，通常为木构建筑所用，以屋顶的大梁为心，

莫高窟第428窟　石窟形制　中心柱窟　北周

向两面的梁铺设椽子，然后在椽子上铺上瓦，这就是中国式的屋顶形式。从侧面看像一个“人”字，因此称为“人字披”。不仅有人字披，在窟顶人字披下，还可看到斗拱的形式，斗拱也是十分典型的中国式建筑要素之一。在岩石上凿出的石窟里，人字披及斗拱的形式已不具备承重的功能，仅仅是一种装饰效果。但是，在外来的石窟建筑中，加入了中国式的建筑形式，对于当时的中国信众们来说，无疑会大大地拉近了距离而产生亲切感。

殿堂窟——敦煌石窟中为数最多的洞窟，通常平面为方

莫高窟第249窟　石窟形制　殿堂窟　西魏

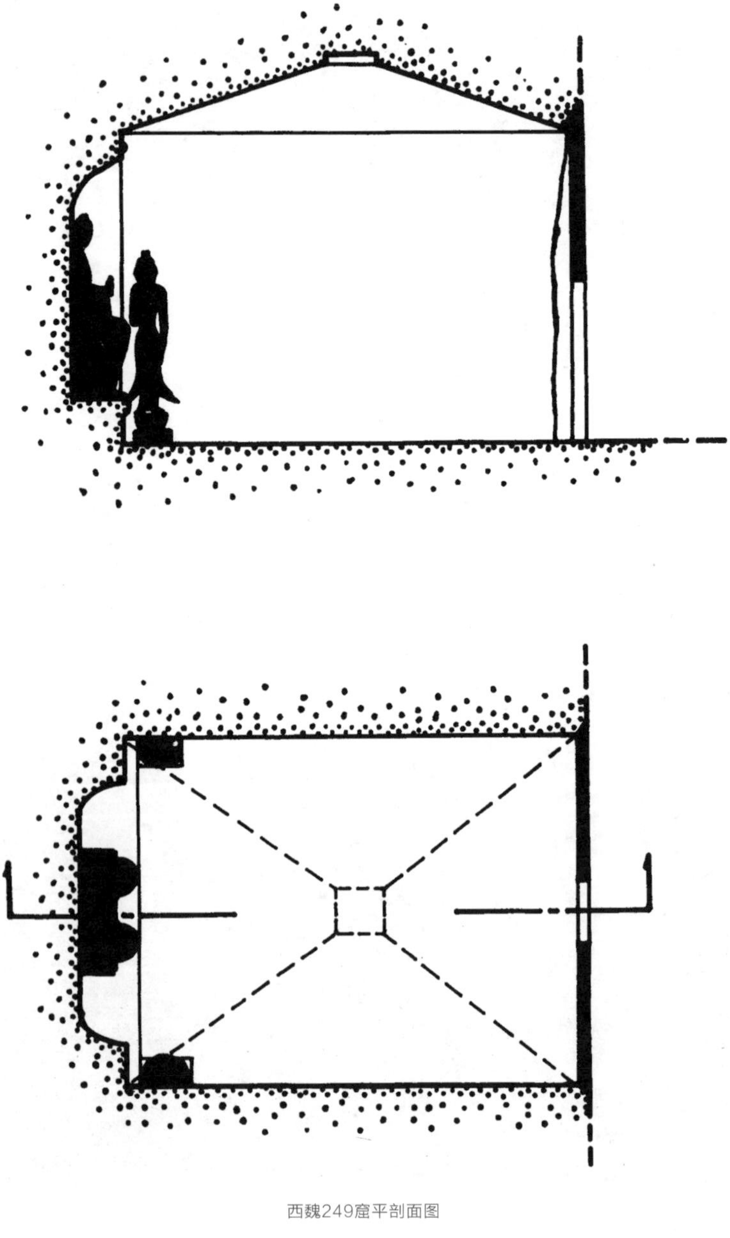

西魏249窟平剖面图

形，在石窟正面开一大龛。这种洞窟的空间较大，如殿堂一样，所以称为殿堂窟。又因窟顶为覆斗顶形，也叫覆斗顶窟。覆斗顶也是中国传统的建筑形式，源于斗帐的造型。覆斗顶窟的流行，表明了佛教石窟完全按中国式的方式来建造了，成了中国的佛教艺术。唐代后期还出现了一种不开龛的殿堂窟，只在窟中央设佛坛，佛坛上有众多佛像。这种形制是对当时寺庙建筑与布局形式的模仿。

除了以上三种洞窟形制外，还有大像窟和涅槃窟等特别的窟型。大像窟是因洞窟中的主尊为大佛而得名，敦煌石窟

莫高窟第55窟　宋

中有三座大像窟，莫高窟第96窟为初唐所建，窟内佛像高达35.5米，倚山而建，窟外为木构窟檐直达屋顶。窟檐建筑经过几次重修，现存建筑为民国时期重修，共有九层，因此也称作九层楼。榆林窟第6窟也为初唐所建，窟内有高24米的大佛，此窟平面为椭圆形，窟顶为穹隆顶。莫高窟第130窟为盛唐所建，内有高达26米的大佛，此窟平面大体为方形，窟顶为覆斗顶形。三个大像窟均因地制宜，形制各不相同。

涅槃窟，因为窟内以涅槃像为主尊而得名。涅槃佛像为横卧的形式，也称为卧佛。莫高窟两座涅槃窟，结构上也有差别。第148窟为盛唐所建，窟内有长达14.4米的大型涅槃佛像，洞窟平面为横长方形，后部为佛台，其上有卧佛。在南北两侧又各开一小龛，内塑佛像，与涅槃佛组成三世佛的构局，窟顶为券顶形式。莫高窟第158窟为中唐时营建的涅槃窟，窟内有长达15.6米的涅槃佛像。洞窟平面为横长方形，后部有佛台，台上塑卧佛。在南北两壁不开龛，仅各塑一身佛像，与卧佛构成三世佛格局。此窟窟顶为盝顶形式。

从艺术方面看，敦煌石窟包含建筑、雕塑与壁画三个方面的内容。石窟本身就是一种建筑，它是寺院的另一种形式，从石窟形制的演变，可以看到印度传来的建筑形式在逐渐与中国传统建筑结合，并最后成为中国式建筑的过程。彩塑是洞窟中的主体，是供信众礼拜的偶像，艺术家总是按那个时代的审美标准来塑造心中的神灵。尤其是隋唐时代的雕塑，佛、弟子、菩萨都富有个性，反映了中国雕塑艺术的重要成就。壁画是敦煌艺术的重要方面，保存至今的四万五千多平方米的壁画，内容丰富，艺术精湛，代表了4至14世纪中国绘画艺术的重要成就。敦煌壁画的内容主要包括七类：1.佛像画；2.佛经故事画（包括本生故事、因缘故事、佛传故事）；3.佛教史迹画；4.中国传统神话题材；5.经变画；6.供养人画像；7.装饰图案画。

总之，敦煌石窟的建筑、彩塑与壁画是中国古代艺术家智慧的结晶，反映了中古时代我国绘画和雕塑艺术的重要成果，是中国和世界人类文化艺术的瑰宝。这些精美绝伦的艺术，对于我们今天的艺术创作和欣赏具有十分重要的意义。

壁画中的奇妙故事

敦煌石窟的内容无限丰富，我们将从佛教故事出发，去了解一些佛教知识和思想，从而能够理解敦煌艺术的基本特点和艺术价值。敦煌壁画中的故事画主要有四类：一是佛传故事，就是讲述释迦牟尼一生特殊经历的故事。二是本生故事，是讲述释迦牟尼前世的故事。佛教认为人死后是要经过轮回的，如果做了善事，到下一辈子转生就会过好日子；反之，则在转世后就会很悲惨。如果累世都做善事和修行，最终就会脱离轮回而成佛，释迦牟尼就是因为前世做了数也数不清的善事，终于成了佛。本生故事就是讲释迦牟尼前世或前若干世的善行事迹。第三是因缘故事，主要讲与佛相关的一些因果报应故事。第四是佛教史迹故事，是讲佛教发展史上的一些高僧或某些地方的佛教圣迹的传说故事，也叫作佛教感应故事。

故事画是古代佛教寺院和石窟壁画中常见的内容，因为通过故事画来宣传佛教的基本思想，比较通俗易懂，容易为信众所接受。这些故事画通过描绘一定的人物、动作以及人物之间的相互关系等来展示一个故事的发生、发展和结局，综合了各种绘画手段为表达故事的思想内容服务。在古代印度的艺术中，故事性的雕刻和绘画也是十分流行的，早期的佛教艺术中，如建于公元前2世纪的山奇大塔、巴尔胡特大塔的塔门和周围护栏中就有很多关于佛传故事、本生故事的浮雕。南印度的阿玛拉瓦提雕刻中也有不少故事性的内容。佛教传入中国之后，石窟寺院的兴建很普遍，佛教故事画也同样在众多的寺院及石窟中流行起来。并且，由于中国已有故事画的传统，画家们结合中国的特点，绘出了有别于印度风格而富有中国特色的故事画。

释迦牟尼的传奇故事

释迦牟尼本名乔达摩·悉达多，大约在公元前565年诞生于古印度的迦毗罗卫国，父亲是净饭王，母亲是王后摩耶夫人。关于悉达多太子的诞生，有着种种神异的传说，据说摩耶夫人梦见了一个菩萨乘六牙白象而来，于是身怀有孕。按古印度的习俗，妇女生育当回娘家。于是怀胎将满十月之时，摩耶夫人在很多宫女的陪伴下回家，途中经兰毗尼园，摩耶夫人觉得身体不适，便徐徐来到园中，当她手攀无忧树时，太子从她的右胁生了下来。原来，太子不愿使母亲受到分娩之痛苦，就从腋下降生了。而太子刚生下来就能行走，他走了七步，每走一步，脚下就生出一朵莲花。他用手指天指地说："天上天下，唯我独尊。"这时天上就有九条龙喷洒甘露为太子沐浴。摩耶夫人和太子回到宫中，净饭王非常高兴，为太子取名叫悉达多。太子从小学文习武，受到很好的教育，并娶大臣摩诃那摩之女耶输陀罗为妻。他生活在宫中，享尽人间的快乐。然而，太子常常感到忧郁。他在城外出游时看到人间有疾病、衰老和死亡等诸多痛苦，他陷入了苦苦的思索，这段经历称为"出游四门"。他想寻找一条解脱人间痛苦的途径，于是决定出家修行。在29岁那年，悉达多决定出家修行，为了避免国王阻拦，他在一个夜晚离城，到山中开始了苦修的生涯，这一经历称作“逾城出家”。他每天只吃一点豆羹以维持生命，经过了6年的苦行，他感到苦修并不能解决问题，于是到尼连禅河洗尽了6年的污垢，并接受了牧女施舍的牛乳，慢慢地恢复了体力。当他在菩提树下沉思默想时，战胜了心中的一切魔障，突然间得到了大悟，从此，明白了人间的真谛，这件事称作“树下成道”。他开始收徒讲学，宣扬他的理论，这就是“初转法轮”，他所主张的教义就是佛教。他被尊称为释迦牟尼，意思是释迦族的圣人，后人又称他为佛陀，意为大彻大悟的人。佛教成立后，发展并不是十分顺利，释迦牟尼不断地到各地说法，扩大佛教的影响，公元前484年，释迦牟尼于拘尸那城的双树林中涅槃。

描绘释迦牟尼生平的佛传故事画，大多是依据佛经中的有关记载来画的。佛经中往往把释迦牟尼神格化了，带有很多神异的色彩，这也是敦煌壁画故事画的一个特色。莫高窟年代最早的洞窟——第275窟南壁就出现了佛传故事画，表现悉达多太子在出家前“出游四门”，分别遇见老人、病人、死人及僧人的情景，由于壁面损毁，只剩下三个场景。画中人物形象具有西域人物的特征，而城门的建筑则是明显的中国传统建筑形式，门楼的屋檐及斗拱等历历可见。

石窟中的佛传故事画大多选取一两个有代表性的情节来表现，如释迦牟尼诞生前，摩耶夫人梦见白象的场景，称作“乘象入胎”。悉达多太子决定离家修行而骑马逾城的场景，称为“逾城出家”。这两个情节，一个象征着释迦牟尼的诞生，一个象征着释迦牟尼修行的开始，是壁画中最为常见的佛传场面。在隋及唐初的洞窟中往往在正面龛两侧分别画出这两个情节，具有装饰效果。如隋代第278窟西壁北侧上部“乘象入胎”，画一菩萨乘六牙白象（现颜色已变黑），正缓慢向前，身后有二伎乐正在演奏琵琶和箜篌，飞天在上空散花供

乘象入胎　莫高窟第278窟西壁北侧　隋

夜半逾城　莫高窟第278窟西壁南侧　隋

养。南侧相对画出“逾城出家”的场景，悉达多太子乘马跃起，有四个小天人分别托着马足，正急速飞行，前后有飞天手托莲花上下飞舞。这两幅画主题鲜明突出，用色质朴，单纯稳健，造型凝重、典雅，而骑马逾城的场面有风驰电掣之感。第209、329等窟的佛传故事画则更多地体现出初唐华丽热烈的精神气度，第329窟的佛传画构图较满，人物众多，刻画精致，具有华丽灿烂的装饰效果，而第209窟的画面中对骑马形象的轻盈和乘象的凝重等方面的刻画则更生动而富于个性化。“乘象入胎”与“夜半逾城”两幅画由于内容和形式上的密切关系，构成了不可分割的组画形式，在洞窟中具有很强的装饰性。

乘象入胎　莫高窟第329窟西壁北侧　初唐

夜半逾城　莫高窟第329窟西壁南侧　初唐

“降魔成道”和“初转法轮”也是表现佛传的重要场面。前者表现释迦牟尼成道时，魔王波旬深恐释迦牟尼的成道威胁到自己，就率众魔军企图杀死释迦牟尼。可是面对众魔围攻，释迦牟尼镇定自如，以神通力击败了魔军，使众魔伏首归降。表现这一主题的画面也称“降魔变”，在印度和犍陀罗的雕刻中就很常见，敦煌北魏壁画中的降魔变在构图上完全继承了外来的形式，如第254窟南壁，表现佛安坐在中央，周围各式各样的妖魔手执各种武器，向佛袭来。画面下部则描绘魔军败北后跪在佛前的样子。画面下部左侧还描绘了三个美女正对着释迦牟尼搔首弄姿，右侧有三个面貌丑陋的老女人。这是表现魔王波旬见魔军不能战胜佛，便施美人计，企图以美色来诱惑佛，但佛不为所动，并使神力，把美女变

降魔变　莫高窟第254窟南壁　北魏

成了又丑又老的老婆子。

“初转法轮”表现的是释迦牟尼成佛后到鹿野苑第一次说法的情景，也称“鹿野苑说法”。通常描绘佛在说法，佛前有两只鹿象征着鹿野苑，并有三个圆形的法轮。佛两侧画有比丘5人，代表最早跟随释迦牟尼的5个比丘，在北魏第260窟、263窟都画有初转法轮图，特别是第263窟壁画保存如新。

涅槃也是佛传中的一项重要内容，释迦牟尼的涅槃意味着肉体的消失和灵魂的升华，从此进入不生不灭的状态，对于佛教来说，从此佛不再是一个实体的人物，而是一个永远

涅槃图　莫高窟第428窟西壁　北周

存在的精神导师，因而涅槃就是佛教的最高境界。涅槃图在佛教艺术中具有十分崇高的地位，这一点与基督教艺术中描绘被钉在十字架上的耶稣表现的是同样一种宗教境界。北周第428窟西壁的涅槃图是莫高窟最早的涅槃图，其表现方法与中亚的佛教艺术一致，描绘佛安详地卧在双树下，周围有众多的弟子环绕，弟子们表情悲哀，大弟子迦叶抚足恸哭，全图充满了伤感的基调。隋代以后，涅槃图形成了规模较大

佛传故事（局部） 莫高窟第290窟人字披东披　北周

的独立的涅槃经变，增加了很多情节，这些内容将在下一章详述。

最完整地表现佛传内容的壁画当数第290窟人字披顶的佛传图。表现了从佛的诞生、出家至成道为止的故事，如连环画一样，以连续性的画面表现，形成长卷的形式，在人字披的两披各以3段长卷画幅相接续，共6段画卷，画出87个情节，可称为最长的连环画了。画面线描流畅而清晰，色彩简淡，以建筑、山水为背景，人物造型简练，体现出早期壁画故事画艺术的成就。五代时期的第61窟也在南、西、北三壁的下部利用屏风画的形式，画出完整的佛传故事，内容更为丰富，从佛诞生之前的种种传说故事到佛涅槃为止，共画出128个情节，是莫高窟内容最为丰富的佛传故事画，在现存的佛教艺术中也是十分罕见的。画面中还可以看到当时人们社会生活的种种面貌，如宫中生活、歌舞宴乐、骑射比武、市井生活、农耕景象等等，反映了中古社会的种种生活状况。

忍辱与牺牲的故事

九色鹿本生

九色鹿本生故事本来是古印度流传很广的传说，佛教产生后，这个故事也编入了佛经中。故事讲的是在古代印度的恒河岸边，住着一只美丽的鹿，它的皮毛花纹灿烂，有九种颜色，所以称为九色鹿。一天，九色鹿正在河边散步，突然听到河里传来一阵急促的呼救声。九色鹿循声跑去，只见一个落水的人正在急流中挣扎。善良的九色鹿见状，不顾自己的安危，毅然跳进激流中，游到落水人跟前，把那人背在背上，奋力游回了岸边。落水的人千恩万谢，跪在九色鹿面前说："恩人啊，真不知道怎样报答你才好。"九色鹿平静地说："不用感谢，但有一点请你答应我，就是你回去后千万不要把我所在的地方告诉任何人。人们贪图我的毛皮，可能会加害于我。"落水之人指天发誓说："我决不把您的行踪告诉任何人。如果违背誓言，让我全身长满毒疮，痛苦而死。"当他回到城里时，看到城门口贴着一张告示，很多人正在围观。

原来这个国家的王后做了一个梦，梦见一只十分美丽的九色鹿，醒来后她要求国王把九色鹿捕来，取下毛皮来为她做衣服。国王以为只不过是一个梦罢了，未必就真有九色鹿。但为了满足王后的要求，就叫人贴出一张告示，上面写着：有知道九色鹿行踪者，愿意分一半的国土给他，并赏赐金银无数。那个落水人看到的正是这一则告示。在重赏的诱惑下，落水的人变得无比贪婪，便忘记了自己的誓言，向国王报告了九色鹿所在的地方。第二天，国王带着大批军队来到了恒河边的那一片树林。九色鹿根本不知道快要来临的大难，它正在林中午睡，它的好友乌鸦把它叫醒时，国王的军队已经把它团团包围了。九色鹿突然看见落水的那个人在国王前面带路，马上明白了一切。它昂首走向国王，对国王说："贤明的君主啊，我曾有恩于你的国家，为何却要杀我？"接着它把头一天在恒河边救人的事一五一十地告诉了国王。国王听了十分感动，他说："鹿为兽类，尚且知道善恶，而人却怎么能做出忘恩负义的事？"于是下令从此以后，不许任何人伤害九色鹿。那个落水之人自从告密以后，浑身长满了毒疮，发出恶心的臭味，不久便痛苦而死。

这个故事画在莫高窟第257窟的西壁，画家采用了中国传统的长卷式连环画的形式，按两头到中央的顺序，详细描绘了故事发展的经过，把九色鹿向国王陈述事情经过的场面

九色鹿本生（局部） 莫高窟第257窟西壁 北魏

画在中央，突出了正直善良的九色鹿形象，特别是昂然挺立的九色鹿给人以深刻的印象。

萨埵本生

莫高窟第254窟南壁的萨埵本生故事画，描绘了古代印度宝典国国王有三个儿子，最小的名为摩诃萨埵。一天兄弟三人一起到山林中游玩，返回的路上发现一只母虎躺在崖下，已饿得奄奄一息，旁边还有几只小虎，饿得嗷嗷直叫。三人

舍身饲虎　莫高窟第254窟南壁　北魏

都很同情，但谁也想不出救助它们的办法。萨埵想找一些食物给老虎吃，但哥哥告诉他：老虎只吃新鲜血肉，别的东西无济于事。于是萨埵太子暗自决定要救活这些老虎，他让两个哥哥走在前面，自己悄悄地返回了老虎所在的地方，躺在地上让老虎吃他。可是几只老虎饿得连咬他的力气也没有了。萨埵很焦急，他找到一根木刺，爬到山崖上，用木刺刺破喉咙，然后跳下山崖，落在母虎身旁。母虎和幼虎舔食萨埵流出的鲜血，渐渐地有了气力，就把萨埵太子身上的肉吃光了。萨埵的两个哥哥发现三弟不见了，慌忙返回山中寻找，却见山崖下只有一堆白骨，他们明白萨埵为救老虎已经舍身，不胜悲痛，便匆匆回到王宫，报告了国王。国王和王后闻讯哀伤不已，两兄弟收拾萨埵遗骨，造塔供养。

这个故事情节十分曲折离奇，画家把故事的全过程画在一个方形的画面中，画的中心是三兄弟朝下观望，沿着他们的视线，我们看到右下侧一只面目狰狞的老虎，正在啃咬一个横躺着的人，这是全画面的中心，右侧描绘萨埵太子刺项、跳崖两个连续性的画面，正与“饲虎”这一场面衔接起来，使画面充满了悲壮的色彩。左下侧画萨埵父母抚尸恸哭，更烘托了画面的悲剧气氛。整个画面结构紧凑，色彩强烈，在视觉上给人以戏剧效果，是早期故事画的优秀作品。同样的内容也被画在北周第428窟东壁。画家通过上中下三段的长

卷式画面，把萨埵太子与二兄离家、进山、见虎、饲虎直到造塔供养等共14个情节一一详尽地画出来。这种连环画的形式虽然不像第254窟画面那样集中、冲击感强烈，但却描绘具体，明白易懂，所以北魏以后壁画中，连环画形式更为流行。

舍身饲虎　莫高窟第428窟东壁　北周（线描　赵声良）

尸毗王本生

北魏第254窟北壁，还有一幅“尸毗王本生”的故事画：古代一个叫尸毗王的国王乐善好施，立誓普救众生。一天，一只老鹰追逐一只鸽子，鸽子生命危急，飞来飞去无处藏身，便来到了尸毗王的身边，请求尸毗王保护它。这时，老鹰已经追来，向尸毗王索要鸽子。尸毗王说：“我立誓要拯救一切生灵，希望你不要吃了这只鸽子。”老鹰说：“如果今天我不吃鸽子，便会受饿而死，你为何只救它却不救我呢？”尸毗王说：“我给你其他的食品吧。”老鹰说：“我只吃新鲜血

尸毗王本生　莫高窟第254窟北壁　北魏

肉，其他一概不能吃。”尸毗王想到自己的誓言，既要救鸽子，又不能害了别的生灵，于是决定用自己的肉来换取鸽子的生命。他叫左右拿刀来，割自己腿上的肉给老鹰。老鹰对尸毗王说：“大王既然要用自己的肉代替鸽子，我也不敢贪多，就请用秤来称够与鸽子同样重量的肉吧。”尸毗王又让人找来一杆秤，一头放鸽子，一头放从自己身上割下的肉。说来

也怪，国王腿上的肉已经割尽，又把身上的肉也割完，还达不到鸽子的重量。国王想到自己的誓言，为了彻底救助这只弱小的鸽子，毅然举身坐上了秤盘，决定把全身都施舍给鹰。这时天地震动，诸天神现身为尸毗王撒下鲜花，割下的肉一下子都复还于国王身上。只见帝释天与大臣满面笑容站在国王面前说：“恭喜你成就了无上正果。”原来帝释天为了检验尸毗王对于施舍是否真诚，便与大臣分别变为老鹰和鸽子来试验，果然尸毗王对忍辱、施舍都意志坚定，符合佛教修行的要求。

壁画上，画家着力刻画了尸毗王这一形象，他头微向前倾，表现出慈祥大度而又无所畏惧的精神，他一手托着鸽子，一手扬起阻挡老鹰。在他的左侧，一个面目凶狠的人正在一手操刀，一手用力取肉。右边一人，一手提着秤，秤的一边放着鸽子，一边则是坐着的尸毗王。周围画出国王的眷属们悲伤痛哭，更衬托出国王的安详与平静。

忠孝思想的故事

佛教初传中国的时候，讲究修六度（也称六波罗蜜，指布施、持戒、忍辱、精进、禅定、智慧等六项修持内容），因此，壁画中充满了关于施舍、忍辱和牺牲精神的本生故事，有的故事很难为中国人所接受。中国在南北朝时经历了较长时间的儒、释、道之间的斗争，北魏武帝和北周武帝的时候，朝廷就曾采取了大规模的灭佛行动，拆毁寺院，破坏佛像，迫使僧尼还俗等，给佛教以沉重的打击，这使佛教组织不得不采取更为灵活的措施来适应中国的道德观念、社会习俗和文化环境，为了向儒家思想妥协，宣扬忠孝思想的故事也就多了起来。于是壁画中就出现了像睒子本生、须阇提割肉奉亲、善事太子入海求珠、五百强盗成佛等与儒家思想接近的故事主题，这表明佛教逐渐地与中国传统文化相融合了。

睒子本生

这是一个孝道的故事：古代迦夷国有长者夫妇双目失明，幸而晚年得子，取名睒子，睒子长大后对父母十分孝顺。长

睒子本生（局部） 莫高窟第299窟窟顶北披 北周

者夫妇早就向往着到远离城市的山中过清静的修行生活，儿子长大后能够照顾父母时，他们一家便住到深山里去了。睒子与周围鸟兽和谐相处，每日到溪边汲水，专心侍奉父母。一天睒子身披鹿皮衣，去溪边汲水，这时正好迦夷国国王带兵到山中打猎，见溪边有不少野鹿，就弯弓射箭，却没想到射中了正在溪边取水的睒子，睒子惊叫道："你一箭射杀了三人啊！"国王见射中了人，心中十分后悔，忙到跟前看望，听了睒子的话却十分不解，便问睒子是什么原因，睒子说明了盲父母将无人照顾，难以在山中生活，说完便死了。国王非常难过，表示要代睒子养活盲父母，便亲自到盲父母处，说明情况。睒子的父母随国王来到睒子死去的地方，失声痛哭，他们的哭声感动了天帝，于是天帝派人救活了睒子，并使盲父母双目复明。这个故事画在北周第461窟、438窟、299窟都有描绘，其中第299窟的最具代表性。画在洞窟顶部北侧沿藻井边缘的一条长画卷形式的壁面上，故事由两头向中间叙述，左侧由左至右描绘迦夷国王在宫中、乘马出行、射猎及睒子中箭等情节；右侧则由右至左描绘睒子在山中侍奉父母、国王引盲父母到溪边、抚尸痛哭等场面。把故事的结尾放在画面的中央，突出了睒子的形象。

善事太子本生

善事太子本生故事画在北周第296窟的窟顶，讲的是古代宝铠国国王有二子，一名善事，一名恶事。善事太子心地善良，常常把国库打开，把宝物施舍给穷人。可是，时间长了，国库渐渐空虚，大臣们颇有非议。善事太子觉得应该想一个更好的办法，让人们都能得到财富。这时，有人告诉他在海底龙王处有如意宝珠，要什么就有什么。善事决定到大海里去找如意宝珠，这时恶事也想跟着去，于是善事与恶事辞别父母，分别率两条大船向大海深处进发。路上遇上了金山、银山，贪婪的恶事搬了很多金银上船，结果船载过重而倾覆。而善事太子坚持向前进发，在盲导师的带领下，经过很多艰难曲折，终于到达龙宫，向龙王求得如意宝珠。善事太子返回途中在一个岛上与恶事相遇，兄弟俩共述别离之情。恶事见善事取得宝珠，心生嫉妒，趁善事睡着的时候，用毒刺刺瞎了善事的双眼，抢走了宝珠，独自回国。又编造谎言，说善事太子已死，自己取得了宝珠。善事在梦中突然被刺瞎双眼，却不知是恶事所为。过了很久，有一牧牛人赶牛而过，牛用舌头舔出了善事眼中的毒刺。善事太子随牧人来到了利师跋国，他请牧牛人帮他做一把琴，此后他每天在街上弹琴卖艺为生。不久国王果园的人见他可怜，就让他帮助看管果园。善事太子用绳子系上铃，每听到鸟声，就拉铃赶鸟，闲时就在树下弹琴自娱。利师跋国王有一个美丽的公主，她到果园散步时，听到善事太子的琴声十分动人，就常常来听善

事弹琴，并与善事聊天。日子久了，她渐渐爱上了这个盲人，可是国王不同意他们结婚，公主却十分坚定，国王只得同意，让他们结婚了。后来才知道善事太子的来历，大家非常惊喜，其实从前公主就已许配给了宝铠国的善事太子。于是，国王派很多人护送善事太子回国。这个故事画在第296窟窟顶，以两段横卷式画面由右至左的顺序表现，共描绘了42个情节，其中太子出游、施舍以及耕作、渔人捕鱼、乘船航海等场面都表现得细腻而富有浓厚的生活气息。

善事太子本生（局部） 莫高窟第296窟窟顶东披 北周

五百强盗成佛

五百强盗成佛的故事，也叫“得眼林”故事，讲述古代印度某国有五百强盗经常抢劫作乱，后来国王派官兵与强盗激战，终于把五百强盗全部收捕，处以极刑，有的剜眼，有的割鼻。强盗们在树林中痛苦哀号，哭声惊动了天上之佛，于是，佛以慈悲心从天而降，为他们说法，使他们悔悟而争相皈依佛门，佛就洒下神药，使他们的伤口愈合、眼睛复明。五百强盗改邪归正，努力修行，终于个个都成了正果。

这个故事表明即使是作恶多端的强盗，只要放下屠刀，也可以立地成佛。在莫高窟第285窟和第296窟都画有这一故事。西魏时代的第285窟南壁，以长卷式连环画的形式描绘这个故事，画面从左至右绘出了官兵与强盗作战，强盗被捕、受刑、流放山中，佛为其说法，五百强盗皈依等情节。画家不仅画出了人物，而且对周围的环境也很注意，画出了高大的楼房，远处的山峦、树木和水池，以及在山中的禽兽等。特别是佛为强盗说法的场面，画出了山丘环绕的水池，池中绿水荡漾，还有鸭子、鹭鸶等水禽，山中可见鹿子、狐狸等兽类，在佛的身后还有一片翠竹。如果抛开故事内容，那么，我们看到的完全是一幅情趣盎然的山水画。佛说法时的这种

五百强盗成佛（局部） 莫高窟第285窟南壁 西魏

平和美丽的气氛与画面开始时表现的官军与强盗作战时的残酷场面形成鲜明的对比，具有很高的艺术性。第296窟南壁也描绘了同样的内容，也是采用长卷式的画面，自右至左详细表现了官兵出征与五百强盗激战、俘获强盗、对强盗处刑、强盗悲鸣、佛对强盗说法、强盗皈依等情节，画面强调对强盗的战斗和处刑，有意炫耀王权的力量。

佛教史迹神异故事

壁画中有一类故事主题是讲述一些佛教历史上的故事，称为佛教史迹画。但这些故事往往加入了很多宗教性的神异传说成分，有人也把它称为佛教感应故事。建于初唐到盛唐之际的第323窟较为集中地绘出佛教史迹故事，此窟南北两壁的主要壁面上共绘制了八个佛教史迹故事画。这些故事并列绘于横长的画面上，既不是横卷式连环画，也不是单幅画的并列，而是以统一的全景式构图，各个故事穿插其间，形成自然的平衡。画家以绵延不断的青绿山水作背景，利用山峦的自然形态，隔出一个个空间来展开故事情节。由于青绿山水技法的成熟，这里不像早期那种装饰性山峦，仅仅起到分隔画面和象征背景的作用，而是利用山水透视构成一个巨大的空间环境。在整体布局上，山水决定着画面的均衡与变化，并且与人物巧妙结合起来，极大地增强了故事画的表现力。

佛图澄神异故事

佛图澄是晋、十六国时期西域的名僧，少年出家学道，精通佛法，曾帮助石勒建立了后赵。石勒死后，后赵皇帝石虎对佛图澄更加喜爱，封佛图澄为国师，接受世人的崇敬。据《高僧传》记载，佛图澄擅诵神咒、役使鬼神，观面相知人意，治疑难病，懂起死回生术等。所以历代佛教徒撰写了很多佛图澄的神异故事。壁画的上部画佛图澄立于七层塔前，合十向人们解说塔檐的风铃声音有异，指出这是不祥的凶兆，他预言石宣和石韬将要火并。中部画佛图澄为石虎说法时，突然感到有异，告诉石虎，幽州四城门起火，并使出神力端酒向空中洒去。在场的众人将信将疑，石虎派人到幽州查验，回报说当日幽州发生火灾，后天降大雨而火灭，雨中有酒味。壁画的下部还画出佛图澄能洗涤自己的肠子。据说佛图澄左乳旁有一小洞，通彻腹内，平日，佛图澄用丝绵堵塞小洞。

佛图澄的故事　莫高窟第323窟北壁　初唐

如果他想读书时，就把丝绵拔掉，则放出光芒使满屋子通亮，佛图澄就借此光诵读经书。每逢斋戒日，佛图澄来到河边，将肠子从中掏出，用河水清洗完毕后，还复内中。画面中是佛图澄赤裸上身，盘腿坐在水池边，正在河边洗肠的情景。

这幅画中对山水与云的表现较有特色，画面中高僧佛图澄举杯向上，一朵乌云向上升去，上部画出山峦的后面有一座城，城楼中火焰冲天，上面的乌云化为大雨，倾盆而下。同窟南壁西侧，在远景中描绘出一朵云霞，由于年久变色，我们无法得知画时是什么色彩，但在远山中的一片云霞，的确是很美的。南壁东侧，表现的是隋代昙延法师祈雨的故事，城内昙延法师坐于高台之上，正作法求雨，上部的天空中乌云滚滚，向中央聚集。中央部分的云中已降下了大雨。这些故事虽然充满了神话色彩，但画面中却是按现实中的自然现象描绘出来的。大火燃烧，烈焰熊熊；乌云翻滚，大雨如注。这些都可以形成独特的风景。唐代画家们最早注意到并描绘出了这些自然奇观，它们都是中国绘画史上的珍贵资料。

石佛浮江故事

在第323窟南壁西端故事画，讲的是西晋建兴元年（313）在吴淞江口，渔民们远远看见两座石像漂浮于海面上，以为是海神，遂敬香远迎，谁知海上风浪大作，渔民见此情景，心中害怕而返。有信道教者，以为是他们的天师降临，遂设醮坛，大兴法事，结果风浪不减，越来越盛。后来信奉佛教的居士朱应听说此事后，和东林寺僧人及佛教徒数人到江边，设斋向石像稽首唱赞歌，江面上立刻风平浪静，两个石佛踏水而至，佛像背后各有铭文，一名“维卫”，一名“迦叶”。朱应等人立即以船接迎，小舟运载两座石佛像入通玄寺。

这幅画共有3个情节，从右上角开始：1.远处江面有二石佛，岸边可见僧俗七八人注目礼拜，旁有榜题：“此西晋时有二石佛浮游吴淞江，波涛弥盛，飘飘逆水而降，舟人接得，其佛裙上有名号，第一维卫佛，第二迦叶佛，其像见在吴郡供养。”2.绘巫祝三人在岸边扬幡设醮，后边有两人正在讲话，下有题记：“石佛浮江，天下希瑞，请□□□谓□道来降，章醮迎之，数旬不获而归。”3.绘一小船载二佛，船上比丘二人，扶持佛像者二人，船工二人。岸上有比丘跪拜，僧俗多人从远处赶向岸边。题记：“灵应所之不在人事，有信佛法者以为佛降，风波遂静，迎向通玄寺供养，迄至于今。”

这个故事利用山水分出3个情节，由远及近，推向高潮，曲折的河流把远景、中景、近景联系起来，画家着重刻画了

石佛浮江故事　莫高窟第323窟南壁　初唐

故事的高潮——迎佛的场面，以佛为中心，周围的人们不约而同地向佛走去，这样，就把四周疏疏落落的人群统一起来，构图形散而神不散，在统一中又有变化。不同的人物表现出不同的个性，如步履蹒跚、拄杖而行的老人，天真稚气的小孩等形象都描绘得细腻生动。画家善于用山水空间背景，由远及近，通过江水把全画面的人物联系起来，山、水、人物的比例都十分协调。由于山水的远近关系趋向合理，大大增强了画面的写实性，同时也使全壁的山水画具有完整性。

对远山的表现是画家的得意之笔，特别是远景中画出帆

远山与小船　莫高窟第323窟南壁　初唐

船，颇有意境。本窟北壁“康僧会的故事”上部表现康僧会从海上来的情节，画出大海中一叶扁舟，隐约可见舟中数人。南壁的故事画中，上部远景中几处画出了小舟，与山水相映成趣，表现了烟雨迷蒙的江湖景色，尽管线色脱落，但是仍可看出近处的波浪和远处的河流，特别是远景的点点帆影，颇有“孤帆远影碧空尽”的意境。由于变色比较严重，山水及人物的轮廓线都看不清了，远山的颜色都变成了黑色，因此有人误认为本窟壁画是“没骨画”，或者甚至认为是水墨画，这是不了解敦煌壁画变色的情况而产生的误解。当时的壁画中都染出了绚丽的色彩，而且，按照唐人绘画的习惯，都是采用线描施彩的办法，并不存在“没骨画”。

扬都出金像故事

画在323窟南壁西起的第二幅画，讲的是东晋咸和年间（326），丹阳的地方官高悝在张侯桥发现水中有一尊金佛像放射着光芒，佛像没有背光和佛座。随后，高悝令人用牛车载像而归，当牛车走到长干巷口时，拉车的牛拒绝前行。众人决定让牛自行，人们紧随其后至长干寺，随后高悝等人将金像安置于此寺。扬都的百姓听说此事后，都感到很惊奇，争先恐后到长干寺供养礼拜金佛像。一年后，一渔民在海上发现了金像的莲花座，将它送到了扬都县衙中，扬都县衙又将佛座送到了长干寺，安置在金像的足下，全然符合。又过了几年，到了咸安元年（371），一采集珍珠的人又在海底发现了金像的背光，均与长干寺金像吻合。历经多年，金像、佛座、背光三者才完全归于一体，并通过金像莲台上的梵文文字，得知此金像是阿育王第四女所造。

此画与石佛浮江故事一样，在山水背景中表现人物的活动，特别是表现众人乘船从远处水中载佛像，由远而近下来，周围还有不同的人物前来观看，远近空间的处理以及不同人物的面貌与性格特征表现得十分生动自然。遗憾的是这一珍贵的壁画1924年被美国人华尔纳用一种粘胶揭取而盗走，现藏于美国哈佛大学赛克勒博物馆。

五台山图

五台山位于山西省境内，山有五个顶，称为五台。由于海拔较高，山中气温很低，即使在盛夏也很凉爽。这些特点与佛经所记载的文殊菩萨所居住的清凉山十分一致。早在南北朝时期，佛教信徒们就把五台山与文殊菩萨联系在一起，产生了种种传说，这样就使五台山的佛教寺院越来越兴盛。到了唐代，高宗还专门派大臣会赜去五台山检验佛迹，会赜命随行人员画出了《五台山图》带回。于是，《五台山图》连同五台山信仰就在全国传播开了。远在西南的吐蕃赞普也曾派人到唐朝求取《五台山图》，日本遣唐高僧圆仁曾专门访问过五台山，他回日本时，还把《五台山图》带回了日本，可见《五台山图》流传之广。

敦煌壁画中最早出现《五台山图》是中唐时期的第159窟、361窟等，可能与文献记载的吐蕃遣使求取《五台山图》有关，这几幅《五台山图》都画成屏风画的形式，也许就是模仿唐代会赜所创的“五台山图小帐”。五代时期，《五台山图》更为流行，并与文殊变结合起来，内容更丰富了。榆林窟第19窟、32窟中的《五台山图》都是作为文殊变的背景画出的，由于山水的面积很大，使全图具有山水画的意味。榆林窟第32窟的文殊变是以文殊菩萨在五台山化现为中心画出的，壁画中央是文殊菩萨骑狮子从云中化现，四周则画出五台山和山中的寺院，与之相对应的普贤变，也画出普贤菩萨化现于云端，周围画出山水及毗沙门天王决海的情节。现在两铺壁画都褪色严重，皴法及晕染效果已看不出来了。

第61窟的《五台山图》可以说是《五台山图》在敦煌发展的最高表现，第61窟开凿于947至951年，主要供奉文殊菩萨，所以也叫“文殊堂”，西壁配合文殊像画出巨幅五台山图，全长13.45米，高3.42米。画中详细描绘了东起河北正定、西至山西太原方圆五百里的山川地形及社会风情。画面左侧为南台、西台，下部为太原城至五台山的道路，上部画毗沙门天王、阿罗汉等赴会的情景，右侧为北台、东台。全图以中台及其下的文殊真身殿、万菩萨楼为中轴线，两边各以五座大寺分布在东、南、西、北四台之间。南下角是太原城，靠近中部有河东道山门，与之相对的北下角是镇州城，靠近中部有河北道山门。画家通过大山和大型建筑构成骨架，使画面形成了一个基本对称的格局，这样的布局无疑是受到了经变画构图的影响。山水画表现基本是沿袭唐代以来的传统表现手法，五座主峰基本上呈金字塔形，山头较柔和，令人想起董源山水画中常见的稳重而庄严的山峰。在近景表现中有所变化，画出尖锐的山峰，皴法则类似斧劈皴，笔力雄健。

五台山图（局部） 莫高窟第61窟西壁 五代

在藏经洞出土的绢画中也有一幅《五台山图》(EO.3588，法国吉美博物馆藏)，其创作时间大约在曹氏归义军晚期，画面中央是文殊菩萨，背景画满了山水，即五台山，这幅山水画是以着色为主的，山的轮廓线较柔和，山峦的形状较单调，以绿色晕染，值得注意的是山上树木的画法，在山上分布着许多同一形状的树木。

唐代以后的经变故事

未生怨故事

王舍城的国王频婆娑罗（又称瓶沙王）有一太子名阿阇世，他自小就受到国王和王后的百般宠爱。可是，太子长大成人后，一天忽然心生恶念，举兵政变，篡夺王位，将父亲幽闭在七重深牢，断绝食物，欲将父王活活饿死狱中。王后韦提希夫人十分想念国王，而阿阇世不许她给国王送食物。王后就把蜜面涂在身上，以葡萄汁灌于璎珞之内，然后从身上取下蜜面给国王充饥。经过二十余日，国王并未饿死，阿阇世太子感到奇怪，就拷问狱卒，得知是王后所为，当即大怒，就用铁钉钉死父王，并持剑欲杀母后，因两位大臣苦苦相谏才作罢，遂将王后囚禁深宫。韦提希夫人幽禁在深宫，每日向佛遥礼，她深为不解的是为何如此疼爱的儿子会产生杀心，将亲生父亲杀害。佛与目连、阿难二弟子来到王宫为她讲述了过去现在的因缘：原来当初瓶沙王与王后年老无子，就盼望生一个儿子，于是请相师占卜，相师告知当有一子，

未生怨故事　莫高窟第320窟北壁　盛唐

但此人在山中修行，要等他功德圆满后才来投生。国王心急，派人到山中断了修行者的水源，使之饥渴而死。但王后还是没有生子。国王又问相师，相师对国王说："你求之太急，已悖常理。如今他变为兔，在山中生活，只等兔子寿终，就来投胎。"国王仍不死心，派人到山中打猎，凡猎兔子，都以铁钉钉死。于是，国后有孕，生下了太子阿阇世。

王后听了如此因缘，无限悔恨，专事念佛，别无它念。佛便教她十六种摆脱尘世烦恼而达到佛教极乐境界的方法，即"十六观"。

观无量寿经变通常构图为：中间主要画面绘出极乐世界图，两侧以条幅的形式对称画出"未生怨（序品）"和"十六观"的内容。以竖条幅形式绘出的未生怨，第320、172

等窟是较为典型的代表。如320窟北壁，从下到上大致描绘了6个情节：1. 森严的宫门有一门卫，身后架上插着五支长矛；2. 王子骑在马上，从人执缚国王；3. 王后探望国王；4. 守卒禀告阿阇世；5. 王子抓了王后举剑欲杀，旁二大臣进谏；6. 王后礼佛，佛从空而降，为之说法。画家利用房屋建筑构成一个个独立的空间，把每个情节描绘在各自的空间环境内，与早期横卷式故事画相比，这里每一个情节画面的独立性加强了，几乎可以分出明晰的界限来。对画面情节的选择与刻画，体现出更成熟的设想，如第2画面，右侧为阿阇世骑在马上，左侧是随从抓住国王，国王正竭力挣扎，这个矛盾冲突的瞬间，表现在画面上很富于戏剧性。又如王子执王后欲杀的场面，在172窟南壁，选取了王子举剑欲砍，王后惊恐奔逃这个时刻，右侧一班大臣拱手而立，正战战兢兢地苦谏，左右两侧一动一静，各人的精神活动通过外在的动作表露无余。这些富有表现力的画面，大大增强了故事画的感染力。

流水长者子故事

这个故事来自《金光明经》，讲的是古印度有一个长者名叫持水，他有一个儿子叫流水。流水精通医术，治病救人，深得人民爱戴。一日，流水领着两个儿子水空与水藏到郊外散步，忽见很多鸟兽都朝一个方向跑去，他觉得奇怪，就跟踪而去，发现一个大水池，由于烈日曝晒，池水即将干涸，池中一万条鱼面临着生命危险。这些鱼都注视着流水，求他救命。流水见此情景，急忙领着儿子四处寻找水源。他返回城中，向国王借取了二十头大象，又向人借了一些皮囊，疾驰河边，以皮囊盛水，大象驮运，很快来到水池边，将水注入池中，水满如故，一万条鱼全部得救。流水颇为高兴，沿池边行走，发现池中之鱼仍然跟随着他，沿岸而游。他明白这些鱼为饥饿所迫，正向他求食。于是，他派遣两个儿子赶着一头大象回家向祖父取得鱼食，二子带回来了很多食物，流水将食物撒于池中，鱼得饱食，嬉游水中。

一天，流水宴请宾客，酒后醉卧高楼。这时，池中的一万条鱼同日命终，升上忉利天，转世为一万天子。为了报答流水的救命之恩，一齐下到人间，来到了流水醉卧的高楼。流水正在熟睡，一万天子将无数的珍珠璎珞放在流水周围，即向天空翱翔而离去。此时，天空出现了许多瑞相，光明如昼。第二天，国王询问大臣们为何昨夜光明如昼，有人告知可能是一万天子到流水家谢恩。于是国王派人到池中检验，果然一万条鱼全部命终，池中开满了各种鲜花。

这个故事画在宋代第55窟东壁门南侧的金光明经变右侧。在以净土图为中心的经变画两旁画出条幅的故事，这是盛唐以来观无量寿经变形成的模式，后来在很多种经变中都采用了这样的构成形式。这幅金光明经变一侧画的是萨埵本生故事，一侧画流水长者子故事，画面自下而上，条理清楚地描绘了故事情节。

唐代后期，经变画中开始出现以屏风画配合经变画主题表现具体故事的形式，上部绘极乐世界图，下部由几幅屏风表现其中的故事和相关内容。如第159窟南壁共绘制三铺经变，下有九幅屏风画，弥勒经变下部为该经变的“嫁娶”等内容。观无量寿经变下部屏风绘制“十六观”“未生怨”内容。法华经变下部绘制“随喜功德品”“观音普门品”等内容。但也有很多屏风画与经变无关，是独立的故事画。如晚唐第9窟中心柱东向龛内西壁屏风画分别绘“萨埵本生”和“闻偈施身”故事，北壁三幅屏风画为“须达拏本生”故事。其中“须

流水长者子故事　莫高窟第55窟东壁南侧　宋

达拿本生”较有代表性，第一幅屏风画自上而下绘出：1.须达拿被驱出城；2.须达拿偕妻子出走；3.遇人乞马，须达拿将马施人；4.须达拿推车而行；5.遇人乞车，须达拿把车施人；6.须达拿一家步行前进。第二幅屏风画自下而上绘出：7.须达拿一家迤逦前行；8.山中结庐而居；9.婆罗门求施二小儿。第三幅屏风画自上而下绘出：10.须达拿夫人痛哭；11.婆罗门驱二小儿行走；12.二小儿随婆罗门前行，路见行人；13.婆罗门入城。从这个故事可以看出，屏风画仍然具有连环画性质，只不过没有明确的顺序，观众根据画中的榜题文字来辨别故事情节及发展顺序。几幅屏风相连接时，情节先自上而下，再自下而上，自然相衔接，便于观览。每一幅屏风画中又形成一个完整的画面，以山水为主体，穿插人物故事。

屏风故事画在唐代后期盛行以后，直到五代、北宋时期，仍然是故事画的主要表现形式，并产生了如第61窟的佛传故事、第98窟的贤愚经故事等规模较大的作品。

故事画的艺术成就

莫高窟故事画的发展，从北朝到隋代大体经历了单幅画到连环画的演变。从佛教故事的内容来看，早期的本生故事情节单纯，单幅画足可表达全故事的内容了，但随着佛教的深入发展，故事内容越来越丰富，画家在单幅画里尝试做多情节处理，虽取得很好的效果，但比起连环画来，它的短处是很明显的。因此，长卷式连环画应运而生，并逐渐发展完善。早期的单幅故事画较多地吸取了西域画法的长处，具有纯朴、豪放又富于装饰性的特点，但又有别于西域那种注重人体比例、精细而具有图案化效果的特征。西魏以后，画家们接受了来自中原横卷式构图和以山水、房屋衬托等优点，同时也吸取了单幅画的一些长处，创造出了具有容量较大、情节设计灵活、首尾完整统一、线描造型手法规范等特点的连环故事画。北周到隋代，长卷式连环画成为表现佛教故事最流行的形式。唐代以后，长卷式故事画出现较少，隋及初唐时期多出现在佛龛两侧表现两个典型的佛传故事（“乘象入胎”和“夜半逾城”），画面对称，富有装饰性，在色彩处理上也独具匠心，通过对比色突出形象。盛唐以后，在一些经变画中，形成了较为成熟的连环画艺术，如很多洞窟中常见的观无量寿经变中的未生怨故事，金光明经变中的流水长者子故事等，代表了中国古代连环画艺术的重要成就。中晚唐以后屏风画流行，故事画又融入壁画整体布局之中。

故事画对于佛教宣传来说具有十分重要的意义。在佛教传入中国的早期，由于佛陀释迦牟尼以及佛教的很多教义还不为广大民众所熟知，佛教寺院和石窟壁画中就十分重视表现与释迦牟尼有关的故事，往往画得十分详细。唐代以后，由于佛教的普及，佛教的基本教义和相关故事在广大信众中已经耳熟能详，壁画中就很少出现像北朝那种详尽地描绘佛传和本生故事的情况，而较多地出现以净土世界为主题的画面——经变画。但故事画并没有完全消失，只不过是处于从属的位置，画在经变画的侧边或下方。

佛陀微笑

中国古代雕塑作品保存至今者，有相当大一部分都与佛教相关。这些佛教雕塑构成了中国雕塑史的主旋律。敦煌石窟中的雕塑作品以其时代的完整性和系统性，反映着近千年中国雕塑发展的历史，为重新认识中国美术史提供了大量珍贵的资料。

佛教传入中国后，由于各地寺院石窟的繁荣，佛像的制作就成为一种广泛的社会需要，从而大大地刺激了雕塑艺术的发展。所以佛教也被称作“像教”，说明“像”在佛教中占有重要的地位。可以想象：宗教的发展，形成了对佛教雕塑、绘画的一股强大的社会需求，使当时的中国涌现了比以往任何时代都要多得多的美术工匠。秦汉以来，中国雕塑曾经取得辉煌的成就，也形成了中国雕塑的传统。但是由于佛教来自外国，佛教的塑像作为一种崇拜物也是从外国传来的，所以，最初的佛像雕塑往往是取法于印度和西域传来的佛像样式，外来的造型观念及手法成了时尚。于是包括犍陀罗风格、马图拉风格以及龟兹风格等西域风格的雕塑便大量地出现在敦煌和中国北方的石窟与寺院中。但随着佛教在中国的进一步发展，随着佛教与中国的儒家、道家思想的斗争与融合，外来的审美意识也与汉民族传统的审美观念之间不断地产生冲突与融合，最后中国传统的审美趣味便逐渐渗透进了佛教雕塑中，经过不断地交融、改革，终于在南北朝后期到隋唐时代，逐步确立了中国式的佛教雕塑。也正是在与外来艺术的冲击与融合中，中国的雕塑艺术得以迅速发展。

敦煌石窟中保存的十六国至元代各朝代的彩塑达两千多身，较为完整地反映了近千年间佛教雕塑艺术发展的历程，可以说是一部形象的雕塑史。

敦煌早期彩塑艺术

敦煌石窟早期的洞窟中的彩塑具有浓厚的外来艺术风格。一方面佛教是从印度经西域传来的，对于当时的人们来说，印度和西域的样式具有一定的权威性；另一方面，中国的雕塑家们还没有一套表现佛像的技法，还需要学习和采用外来的雕塑手法。

北凉第275窟的正面，有一尊高达3米的交脚弥勒菩萨像，头戴三面宝冠，面相庄严，鼻梁较高而直，双目有神，上身半裸，身着短裙，交脚坐于双狮座上。早期的交脚菩萨像一般被认为是弥勒菩萨，弥勒菩萨先是在兜率天宫修行，在释迦牟尼佛涅槃之后，就会接替释迦牟尼成为未来佛。早期的佛教强调“禅观”，即僧人们修禅时，观弥勒菩萨像，观兜率天，念弥勒佛名的善果，可往生兜率天及来世遇弥勒，所以这一时期的弥勒菩萨像盛行。弥勒造像最早出现于公元2至4世纪，盛行于西北印度的犍陀罗地区，犍陀罗雕刻中的弥勒身披瓔珞、天衣，戴项饰、臂钏或冠饰等，作菩萨打扮；造像特征是长卷发垂肩，头上结髻及左手持瓶。在第275窟

交脚菩萨　莫高窟第275窟西壁　北凉

这尊交脚弥勒塑像上可以看到较浓厚的犍陀罗艺术特征。如交脚坐式、三面冠、三角靠背以及双狮座均可以从犍陀罗艺术中找到例子。

本窟南北两壁上部各开三龛，其中内侧二龛为阙形龛，也塑交脚菩萨，表现弥勒菩萨高居兜率天宫。这些小型的弥勒菩萨头戴宝冠，宝冠上饰有化佛，上身半裸，腰束羊肠裙，项饰璎珞，身披天衣，双脚足踝部相交。阙形龛仿照汉式城

阙形龛内的交脚菩萨　莫高窟第275窟北壁　北凉

阙形式，是敦煌石窟中特有的龛形，按古代的礼制，阙为帝王的建筑特征，在此用来表示弥勒所居的兜率天宫，表现了中国人对佛教的理解。

北魏以后，彩塑的数量增加了，中心柱正面主尊佛像多为交脚坐式和倚坐式佛像，其余三面多为结跏趺坐的形式，其造型特点是比例适中，袈裟厚重，衣纹写实。第254窟、259窟等窟的彩塑是北魏时期的代表。

第259窟是北魏石窟中彩塑较多的一窟，除正壁开一龛塑有二佛并坐像外，在南北两壁各开有列龛，分别塑佛像与胁侍菩萨像，现存全窟塑像还有十九身。正壁龛内塑释迦牟尼、

释迦多宝并坐像　莫高窟第259窟西壁　北魏

多宝佛并坐说法像。二佛高1.4米，高螺髻、波状发型，前额宽广，鼻梁高耸，眼睛较大，两眉之间显出白豪相，袒露右肩。

释迦牟尼和多宝佛并坐说法像，是根据《法华经·见宝塔品》的内容塑造的。经中说在释迦牟尼讲《法华经》之时，地下涌出七宝塔升在半空中。释迦牟尼以右指开启塔门，多宝佛于其中分半座请释迦牟尼入塔。多宝佛是过去佛，佛经以多宝佛证明了释迦牟尼的正确。随着《法华经》的流行，释迦牟尼、多宝佛二佛并坐像也多见于云冈石窟、炳灵寺石窟、麦积山石窟等。

第295窟南北壁分上下两层开龛，上层为阙形龛，内塑交脚弥勒菩萨。下层为圆券龛，内塑坐佛，佛两侧均有胁侍菩萨。北壁下层龛内的佛像塑造精美，保存也较好，如东侧的这尊佛像结跏趺坐，身着通肩袈裟，用阴刻线表现细腻的衣纹，线条自然流畅。表情恬静、淡泊，眼中似乎露出睿智的光芒，嘴角微微显露出笑意，似乎有一种发自内心的喜悦。或

佛像　莫高窟第259窟北壁　北魏

许这正是佛教所追求的禅定的境界。下层中央佛龛内的佛像为倚坐佛，着袒右袈裟，衣纹简洁，头部微低，目光下视，面部表情呈现出恬静的愉悦，与东侧的佛像同时成为北魏佛像“古典式微笑”的典型。

北魏佛像还有一种苦修像，表现释迦牟尼在成佛之前于山中苦修的状况，第248窟中心柱西向面下层龛，在龛两侧以绘塑结合的形式分别表现树木，所以这样的龛又称“双树龛”，龛内就是释迦苦修像，佛像结跏趺坐，着宽松的双领下垂式袈裟，露出里面的僧衹支（指僧人所穿类似衬衣的一种内衣）。佛面庞清瘦，颧骨突出，透过袈裟衣纹，下面的肋骨也历历可见。苦修像最早也出现于犍陀罗雕刻中，犍陀罗雕刻中的苦修像往往上身为裸体，更夸张地表现佛像清瘦如骷髅般的样子。但敦煌彩塑中的苦修像始终没有采用那种过分悽惨的形象，而是相对真实地表现释迦牟尼苦修的样子，更富有人性化的色彩。

苦修像　莫高窟第248窟中心柱西向龛　北魏

北魏后期到西魏，由于孝文帝改革，吸收了汉民族艺术

佛像　莫高窟第432窟中心柱正面　西魏

风格，来自南方的艺术形式也开始在北方流行，形成了以龙门石窟为代表的中原风格，雕刻的佛像身体瘦长，面目清秀，被称为“秀骨清像”。在中原艺术风格的影响下，敦煌彩塑也出现了中原风格的佛像，第432窟中心柱正面龛中央的倚坐佛像着褒衣博带式袈裟，衣纹形成有规律的曲线，垂下的衣角飘起流动。龛两侧的菩萨像上身半裸，下着长裙。左侧的菩萨衣饰飘带沿双臂环绕而垂下，右侧的菩萨衣饰飘带在腹前交叉而分开搭于双手腕上。在中心柱北向面的龛两侧胁侍菩萨则身体扁平，穿着宽松的大衣，飘带在腹前交叉于圆环内，更多地体现着中原传来的特征。除了第432窟外，同

佛像　莫高窟第297窟西壁　北周

时期的第435窟、437等窟的菩萨也呈现着眉清目秀、神采飞扬、衣饰繁多、飘带较长的特征，体现着以龙门石窟为代表的新的中原风格。

北周以后，在第428窟、297等窟又出现了另一种新的形式，这时，佛像的面型较圆，五官细小而较集中，上身粗大，下半身短小。菩萨的形象也显得小巧而灵活。这些特点与西域的龟兹地区和阿富汗一带出土的塑像非常一致，表明敦煌再次吸取了西域风格。此时的佛像组合由北魏时期的一佛二菩萨变为一佛二弟子二菩萨，这样的格局一直延续到隋唐。二弟子像一尊为年纪最大的弟子迦叶，表现出饱经风霜的样子；另一尊为年纪最小的弟子阿难，表现出年轻聪慧的神态。这一老一少富有个性的刻画也在北周形成了一定的模式。

敦煌早期彩塑反映了外来风格强劲的佛教雕塑渐渐地与中国本土风格融合的过程，但在南北朝纷纭复杂的政治和文化影响下，中原风格也呈现出多姿多彩的特点，从敦煌彩塑中也可看出不论是来自西域、印度的风格还是来自中原的风格都不是一成不变的，从而形成了早期敦煌彩塑纷繁复杂的样式特征。

隋代彩塑艺术

北朝晚期以来，中原特别是华北、山东等地区受到了印度笈多朝造像艺术的影响，形成身体敦厚如圆柱形、动态较少、体积感强的造像特征。从山东青州所发现的北齐到隋代的佛像雕刻中，我们可以看到这种富有时代气息的佛教造像风格。隋代以后这样的风格开始传入敦煌，逐渐成了此时期佛像的主流，标志着一个新时代的开始。

隋朝的塑像有着承前启后的特征，与前朝相比已有很大的发展变化。首先是内容更加丰富，塑像由一铺三身向一铺多身发展；其次是艺术上注重群体组合，从而体现出一种雄浑的气势与宗教精神。第427窟是此时期的代表，全窟彩塑总数达二十八身之多。中心柱正面一铺三尊的中央佛像头微向下垂，面含微笑，仿佛在俯视着尘世间的芸芸众生，庄严中透出慈祥的神情，左手平伸作与愿印，右手竖掌，手指向上，作施无畏印。单纯而简练的袈裟、古朴而庄重的色调，衬托出佛陀的睿智。佛陀两侧站在莲台上的胁侍菩萨，比佛像略低，她们面容端庄，嫣然微笑。与佛不同的是，她们的

佛三尊像　莫高窟第427窟　隋

衣饰华丽：右侧的菩萨头戴花蔓冠，上身着菱形连珠纹短上衣，肩披红色帔帛，浅绿色的飘带和金色的璎珞下垂，下身着菱形花纹锦裙，一手托莲蕾，一手自然下垂；左侧的菩萨头冠已失，上衣为菱格狮凤纹，华丽的璎珞和飘带下垂，菱花格锦裙垂于脚下，一手拈花，一手紧靠腿侧，具有少女般的矜持。南北两壁的塑像与中心柱正面的塑像的姿势、神情基本一致。从身体简练的轮廓来看，我们可以感受到笈多时代马图拉以及南印度雕刻的某些特征。佛像以超常的体量，对观众形成一种威压的气势，同时又能以慈祥而安静的神态，给信众以信赖感，从而产生巨大的宗教力量。这就是在中国的土地上形成的富有本土艺术精神的雕塑。

如果说第427窟主室的佛、菩萨形象具有含蓄、内在的情感，那么，前室的天王、力士则要外露得多。门两侧是护法的金刚力士，左侧力士张口大呼，右拳回收，似要砸将出去。他的头部与下颌、脖子等转折处棱角分明，胸部、手臂隆起一块块强健的肌肉，表现出一个刚毅、勇猛的战士形象。右侧这身力士正紧握双拳，准备上阵厮杀。他牙关紧咬，双目圆睁，充满张力的肌肉表现出一种强烈的感情和正待暴发的力量。前室南北壁各有两身天王，这便是所谓的四大天王，在佛国世界里他们是守卫着东西南北的四方之神。这些天王身着铠甲、战袍，手持法器，足踏恶鬼，同勇猛的金刚力士相比，显得沉着，且面含胜利的笑意，动作豪迈而又不失将军的那种雍容气概。

隋代的彩塑大多注重体积感，面相丰圆，体现出一种质朴的精神。如第419窟、420窟的彩塑菩萨，身体不像北朝晚期彩塑那样富有动态，但却显得稳重而矜持，自有一种纯朴而优雅的风姿。如第420窟的西壁龛外南侧的两身菩萨亭亭玉立，一手上举，轻拂柳枝，一手提净瓶，面庞清秀、光润，神态拘谨而露出稚气。这一时期佛弟子迦叶与阿难的形象个性化特征更加明显，如第419窟西壁龛内北侧迦叶像，额头上皱纹密布，眼窝深陷，胸部的肋骨凸现，表现出一个饱经沧桑的老僧形象。而与之相对的南侧阿难像则是一幅单纯的少年形象。第412窟的一组十三身塑像，把佛的十大弟子都塑出来了，气势宏大，造型朴拙，很能代表隋代精神。

菩萨　莫高窟第420窟西壁龛外南侧　隋

菩萨与弟子　莫高窟第419窟西壁龛内北侧　隋

唐代彩塑艺术

唐代，随着全社会经济文化的飞速发展，彩塑艺术也快速走向成熟。在莫高窟初唐第332窟、57窟等窟中的彩塑还保持着一定的隋代遗风，初唐以后，以第328窟、320窟、45窟等窟为代表的彩塑代表着一种全新的雕塑风格，体现了唐代雕塑艺术发展的高潮。

供养菩萨　莫高窟第328窟　初唐

初唐彩塑群像以第328窟的一铺九身塑像为代表（现存八身，其中一身已被美国人华尔纳于1924年盗走，现藏哈佛大学博物馆）。佛端坐于中央，两侧是佛弟子阿难和迦叶。阿难号称多闻第一，是最年轻的弟子，艺术家塑出他天真而略带稚气的面孔，体态潇洒，具有一种年轻的活力。与他相对的迦叶号称头陀第一，

佛像一铺　莫高窟第328窟龛内　初唐

是年纪最大的弟子，他紧锁双眉，老态龙钟，一副饱经沧桑的样子。这性格鲜明的一老一少，形成强烈的对比。弟子外侧的菩萨作游戏坐，这种坐姿显得随意、自然，配合她们健美而灵活的身体，充满了青春的魅力。外侧的几身供养菩萨跪在莲座上，身体小巧玲珑，别有风韵。这组彩塑，不论站式坐式，都反映出艺术家对人体比例的熟练掌握和对人物神态刻画的细致入微。

盛唐第45窟保存有一铺完整的七身彩塑。以佛为中心，两侧分别是弟子、菩萨、天王，除佛外其余均取站立姿势。阿难双手抱于腹前，身披红色袈裟，内着僧祇支，衣纹的刻画简洁、单纯，胯部微微倾斜，神态安详，在恭谨中又透出

佛像一铺　莫高窟第45窟龛内　盛唐

青年的朝气。迦叶则老成持重，颇具长者风范，他一手平伸，一手上举，慈祥的眼神中充满睿智的光彩。菩萨上身瓔珞垂胸，帔帛斜挎，下身着华丽的锦裙；头部微侧，眼睛半闭，身体微微弯曲作S形；一手下垂，一手平端，动作优美，神情娴雅；洁白莹润的肌肤下面，似乎能感觉出血液在里面流动。天王身披铠甲，一手叉腰，一手执兵器，足踏恶鬼，英姿飒爽，神情激昂。从这里可以看出，此期彩塑写实性很强，艺术家们根据现实生活中的妇女、将军等形象来塑造菩萨、天王，于是这些神看起来显得格外的可亲；同时，艺术家这种高度的写实技巧，又使这些塑像动态逼真、栩栩如生。而每一身的动作又各不相同：阿难双手抱在腹前，显得忠厚、谦恭；迦叶扬手似乎正在说什么；两身菩萨都一手伸出，一

菩萨　莫高窟第45窟　盛唐

手下垂，显得漫不经心；天王则是表情激昂，肌肉紧绷。这一动一静、一松一紧，各具性格却又统一在佛的周围，产生了极强的艺术魅力。

另外，艺术家非常注意这些雕塑的群体性，这一组彩塑，以佛为中心，左右对称排列。他们目光俯视，可以想象，古代的佛教信徒进入洞窟，面对佛像跪拜之时，由于处在较低的位置，就会看到每身塑像都在慈祥地看着你。雕塑艺术是一种环境艺术，由于它是立体的，就必须考虑到它周围的环境，在渲染宗教气氛方面，石窟内的雕塑起到了极为重要的作用。

早期菩萨形象，一般都表现得比较拘谨，而在唐代往往表现得自由自在，或坐于莲座，一腿下垂，一足横支，作游戏坐式，神情恬淡自然（如第328窟、205窟的菩萨）；或立于莲台，身体略呈S形弯曲，双目微闭，仪态娴雅，体现出对佛理的觉悟甚高、“得大自在”的精神境界（如第45窟、320窟的菩萨）。唐代佛弟子阿难和迦叶以及天王力士的形象没有了隋以前那种夸张的成分，更注重写实性和人物内心的刻画。

直到隋代为止，敦煌彩塑大多具有高浮雕的特点，背面与墙壁连在一起，最佳观察点只是在正面。而进入唐代以后，彩塑逐渐发展为圆塑，即从不同的角度都可以看到完美的塑像。这一点是敦煌彩塑成熟的重要标志。在第205窟佛坛南侧的一身菩萨像，双臂已损，其他部位保存完好，菩萨作游戏坐姿，比例协调，姿势自然，体魄健美。不论从哪个方向看，都是那样完美，特别是上身肌体的表现，似乎可以感觉到富有弹性的肌肤，以及流动的血液。这样成功的表现，在第328窟、45窟等窟的彩塑中也同样可以看到。艺术家不再借助于夸张变形和象征的手法，而是以写实主义的手法表现出人（神）的精神世界。在这些菩萨、天王、弟子等形象中，我们可以感觉到那个时代仪态万千的贵族妇女、娇媚多姿的宫女、威风凛凛的将军、饱读经书的僧人等形象。晚唐第17窟的洪辩像，则是石窟中为数极少的塑造现实人物的彩塑，这是一个坐禅僧人，艺术

菩萨　莫高窟第205窟中心佛坛上　盛唐

大佛　莫高窟第130窟　盛唐

家特别注重面部表情的刻画，表现出一个智者的精神状态。袈裟笼罩住他的全身，流畅的衣纹表现了他完整的形体，又体现出生动之趣。

唐代彩塑一方面由于写实性的加强而使佛教变得可亲可感，另一方面也通过一些大型彩塑来表现佛的宏大。第96窟、130窟分别造出高达35.5米和26米的大佛，第148窟和158窟分别造出了长达16米的卧佛，在榆林窟第6窟也造出了高达23米的佛像。巨型佛像通过其体量给人一种崇高感，这是宗教信仰的需要，但也体现着唐人雄强自信的精神。虽说由于武则天等帝王们的倡导而使全国各地纷纷制作巨型佛像，但如果没有一套成熟的雕塑技法和雄厚的经济基础恐怕也很难进行。

从保存完好的第130窟大佛（南大像）和第158窟的卧佛来看，以巨大的体量表现大佛，却没有一点粗糙之感。浑圆的脸形，半闭的眼睛，由袈裟衣纹形成的一道道弧线，形成有规律的韵律，处处体现出柔和之感，而在整体上又表现着一种雄强的阳刚之风。刚与柔、阳与阴，在这里完美地融合在一起，这便是敦煌彩塑的魅力，也是中国雕塑艺术的特色所在。

卧佛　莫高窟第158窟　中唐

盛唐后期的彩塑逐渐失去了前期那种雄强的气势和生动的韵味，但在制作上更加精致，世俗化的倾向更加强烈，不论佛弟子还是天王、力士的形象都富于人间性。神性消失了，在艺术家的努力下，佛教石窟与人们的距离缩短了，仿佛神与人沟通了。

第194窟是一个小型洞窟，正面开一个帐形龛，内塑一佛二弟子、二菩萨、二天王，龛外侧各塑力士一身。中央的佛双腿下垂，作善跏坐势，一手上举作说法相，一手放在膝盖上，表情平静，神态慈祥。这样稳重而庄严的坐姿也是当时中原地区流行的样式，龙门石窟擂鼓台中洞、惠简洞，天龙山石窟第4窟等唐代洞窟中都有类似的倚坐佛像。龛北侧的弟子迦叶着右袒袈裟，双手合十，表现出虔诚的神情。与他相对的弟子阿难，眯着眼睛，两手交叠在腹前，像一个无忧无虑的少年。北侧的菩萨站在莲台上，斜挎帔帛，罗裙垂地，

菩萨　莫高窟第194窟龛内北侧　盛唐

身体向后微微倾斜，妩媚多姿，她面容洁白莹润，带着微笑。南侧的菩萨头梳双环髻，面颊丰腴，双目低垂，嘴角露出隐隐笑意；身穿华丽的圆领无袖上衣，帔帛围绕，搭于左肘；体态丰腴，肌肤莹洁，身体自然舒展，衣纹飘柔，表现出纺织品的质感，反映了古代匠师高超的造像技巧。值得注意的是此时菩萨的服饰不再强调印度传来的那些飘带与璎珞，而更多地表现当时中国妇女所穿的衣服，呈现出世俗化的倾向。

北侧的天王，戴头盔、着铠甲，雄健威武。南侧天王与之相对，发髻高耸，神情敦厚，面带爽朗的笑容。古代塑像中的天王，大多是横眉怒目、杀气腾腾的样子，而这一身却一改天王传统形象，显得极有人情味。龛外有二身力士，都是上身赤裸，一手挥拳，一手舒掌，好像准备厮杀的样子。艺术家着意刻画了天王那发达的肌肉、暴胀的筋脉以及圆瞪的双眼，他的全身无处不显示着一种强劲的力量。

第159窟正面也开帐形龛，原有一铺七身彩塑，中央的佛像已不存在，只剩下二弟子、二菩萨、二天王。这种格局与第194窟相似，菩萨的形象也很有特色：北侧的菩萨双目下视，上身袒裸，下着绣花锦裙，肌肤洁白，一手上举，一手自然垂下，身体丰盈，姿态落落大方。南侧的菩萨曲眉丰颊，发髻高耸，衣饰华丽，一手托物上举，一手下垂，轻握

佛像　莫高窟第55窟佛坛南侧佛像　宋

飘带，姿势优雅。外侧的两身天王挺胸怒目，直视前方，两手紧握，仿佛正要出击。天王与菩萨形成动静对比，却又和谐统一。

五代、北宋彩塑所存甚少，第55窟保存的一组彩塑，填补了这一时期彩塑的空白。这个洞窟是一个方形殿堂窟，中央设马蹄形佛坛，佛坛上塑三铺佛像，分西、南、北三面而坐，为三世佛，均为倚坐式。西壁正面的佛像右手扬起，左手放在膝上，神情静穆，左右两侧佛像也大体一致。正面佛像北侧存弟子迦叶像，一臂已残，他身体僵直，神态拘谨。南侧佛两旁存两身菩萨，北侧存一身菩萨，她们比例和谐，衣纹贴体，神态温和。西南角上的天王形象，体现出刚毅和威武的气质。南侧佛座边的天王造型较为新颖，他左手托着佛座，好像不堪重负又拼命用力的神态颇为生动。总的来说，这些彩塑都能准确把握人体比例，在形象刻画、衣纹服饰的表现，以及总体精神上都努力追慕唐风，但体形过分僵硬，表情呆滞，缺乏唐朝那种鲜活的气息。

敦煌彩塑以木为骨架，以黏土塑制而成，最后还要上彩，以绘画补充泥塑的不足，是绘塑结合的艺术。千百年以来，中国的艺术家们就通过这些散发着泥土气息的彩塑，表现出如此精美而感人的艺术形象，直到今天仍然散发着独特的魅力。

佛教诸神

前述中我们知道佛像是石窟中的主体，一般来说，佛教诸神包括佛、弟子、菩萨、天王、诸天、护法等形象，是佛教崇拜的对象。不论是寺院还是石窟，都会把佛、菩萨、弟子、天王像等主要对象做成彩塑，安置在重要的位置。由于敦煌地区很难找到适宜雕刻的石材，就以泥塑加彩来塑造佛像，并以壁画来补充雕塑的不足。一些洞窟甚至没有塑像，全部是以壁画绘制的佛像，以供礼拜。相对来说，壁画可以表现得更加细致，内容更加丰富。因此，壁画中除了主要的佛、菩萨等形象外，往往还会画出天龙八部诸神，以及大量的飞天、伎乐等形象。当然，壁画中首先要突出那些独立的或者成组的尊像画。

佛像画的艺术

早期壁画中流行说法图，说法图是表现佛说法的场面，通常画出一铺三身、五身或者更多的尊像，中央为如来佛，两侧为佛弟子、菩萨以及天王等。北魏以后说法图往往两侧有众多的菩萨、飞天等，一铺说法图可能有十几身像。

在中心柱窟中，中心塔柱的正面龛是主龛，那么在洞窟的左右两侧壁往往要配合中央的彩塑画出大型的说法图，强化佛教的主题。如早期的第251窟、254窟、257窟等都是如此，在殿堂窟中，正面开龛造出佛与菩萨等像，两侧壁也画说法图，同样与正面的彩塑组成三组佛像的形式，这样的组合往往就是表现过去、现在、未来三世佛的形式。

北凉、北魏的说法图，佛像庄严沉静，菩萨身体往往呈“三道弯”形式，显得活泼多姿，色彩较浓厚。由于年代久远而变色，大部分身体部位的晕染都变黑，所以观众往往会感到奇怪。第263窟南壁的说法图，由于从表层壁画中剥出，

三佛说法图　莫高窟第263窟南壁　北魏

画面色彩就是原作当时的色彩，使我们得知北魏时期真实的色彩和线描的情况。这是一幅三佛说法图，中央一尊佛像身体稍高，袈裟的边缘以石青色染出，与袈裟本来的红色形成强烈的对比。两侧的佛像都面朝中央，最外两侧还各有一身菩萨，菩萨对称地站在两旁，头部微低，面向佛像，一手扶着髋部，一手自然下垂，身体略呈S形弯曲，上身半裸，下着长裙，飘带自双肩下垂，在腹前交叠在一起。金色的项饰和臂钏，体现着华贵的气息，粉色的肌肤、明亮的石青色长裙与土红色背景形成对比，更体现出菩萨优雅的气质。在画面上部两侧，还各有一身飞天，身着红色长裙，向着中央飞来，整铺画面格调统一、色彩不多，却对比鲜明、华丽灿烂。

西魏第285窟（开凿于538—539年）的说法图，与北魏时期的有了很大的区别，较为独特。由于受到中原艺术的影响，佛像和菩萨形象呈现出新的面貌。本窟在北壁画出了八铺说法图，在东壁画出三铺说法图。特别是东壁门两侧各有一铺说法图规模较大，人物也较多。如北侧这一铺，中央是佛结跏趺坐于方形佛座上，面容清瘦，双手作说法印。佛身着红色通肩袈裟，但不像印度的通肩袈裟那样紧缠身体，而是领口较宽松，可以看出里面的僧祇支。袈裟从身上垂下，形成很多褶襞，有规律地在佛座下面展开。佛两侧上部各有两身弟子像，下部各有两身菩萨像。靠近佛像的两身菩萨身

说法图　莫高窟第285窟东壁门北　西魏

着汉式大衣，在衣服上又有飘带自双肩垂下，在腹前交叉，然后经双臂而向两侧展开。外侧的两身菩萨也有与前两身菩萨一致的飘带垂下，下着红色长裙，虽说是上身半裸，但宽大的飘带几乎把身体完全遮盖住了，已经没有北魏以前那种“裸”的意味，这也许就是中国式的审美思想在起作用。佛和菩萨的衣服及飘带下部都呈尖角形，这可能是画家想表现衣服飘举的感觉吧。魏晋时代中原的绘画讲究表现人物飘飘欲仙的情态，这时期的莫高窟壁画正是受中原审美思想影响的产物。

唐代的说法图，人物大量增加，而画家更注重对不同人物个性的刻画，出现了很多杰出的作品，如第57窟南壁的说法图，画中佛、菩萨、弟子等形象达十五六身，中央是佛结跏趺坐于莲花座上，佛两侧绘一老一少二弟子，年老的弟子手持净瓶，年轻的弟子托钵，侍奉于两侧，再往外是两身大菩萨，特别是左侧的胁侍菩萨绘制得最为优美。她头戴化佛冠，上身半裸，肩披长巾，身佩璎珞，一手上举轻扶飘带，一手托供品，体态优美，身体略呈S形，目光下视，若有所思，肌肤细腻，体现出雍容高贵的美。从这身菩萨身上佩戴的璎珞，穿着的华丽衣裙来看，俨然是一个贵妇人的形象。胁侍菩萨身后的四身菩萨也面相俊美，画家特别注意刻画她们的眼神，有的矜持，有的娇媚，有的若不经意，有的如秋

说法图　莫高窟第57窟南壁　初唐

波暗送，所谓“传神阿堵”，就是指对眼睛的绘描可以传达精神的内涵。

菩萨和弟子的面部主要采用中国传统的敷色方法，即在某些凸出部分如两颊、下颌等处以红色用水晕开，自成浓淡凹凸效果的晕染技法，达到不露笔痕保持颜面红润本色的审美要求，这是外来的“天竺遗法”在唐代技法中的新创造。

菩萨　莫高窟第57窟南壁　初唐

说法图　莫高窟第322窟北壁　初唐

这种方法表现出年轻女性皮肤的细腻润泽，展示出一种理想化的美，说明初唐时期在晕染技法上融合中西，达到成熟的境地。

胁侍菩萨的化佛冠与身上佩戴的璎珞之上都是沥粉堆金。沥粉堆金，是以胶和泥合成沥粉，待沥粉干透，再涂胶水于沥粉线纹上，贴以金箔，即成沥粉堆金。沥粉堆金的画法使平面的画上显出一定立体成分，并强化了金色的效果，更增添了菩萨的雍容高贵。由于第57窟的菩萨描绘得十分优美，有人把此窟称为“美人窟”。

初唐第322窟北壁的说法图，中央是阿弥陀佛着田相袈裟，结跏趺坐，两手作说法印，佛座下面是七宝水池。两旁二菩萨分别立于水中的大莲花上，右侧的菩萨头戴宝冠，目光下视，身体微微呈S形弯曲，一手上举，一手自然下垂，轻扶飘带。左侧的菩萨同样衣饰华丽，身体修长，面佛而立，飘带仿佛是从她优雅的指间流过。纤长的手指、优雅的动作体现出女性的美。七宝池中还有六身供养菩萨，有的跪在莲花上，双手捧莲，做供养状，有的斜靠在莲花上，低头仿佛在观鱼，神态闲适，有的盘腿而坐，从容地听佛说法。图中还描绘了化生童子活泼可爱的形象。佛经中说，生于西方净土世界的人，“皆于七宝水池中化生，便自然长大，亦无乳养之者，皆食自然饮食”。图中透过花瓣可以看到化生童子盘腿坐在莲花中，在碧绿的水池中，还画出游来游去的鸭子，富有情趣。图中两侧各有三身持节飞天乘云而下，天空中还飞舞着不弹自鸣的筝、箜篌等天乐，充满了祥和的气氛。

这铺说法图，人物虽多却不太拥挤，以较多的笔墨来描绘水池和树木，使人有一种身临其境之感，这一点正预示着唐代经变画境界的形成，画家开始描绘一种佛国世界的景象，而不单是一些佛和菩萨的形象。

千佛也是洞窟中大量出现的形象，大乘佛教中有“三世三千佛”之说，指过去世庄严劫千佛、现在世贤劫千佛、未

千佛　莫高窟第254窟　北魏

来世星宿劫千佛。在壁画中千佛通常被画成高10～20厘米的小佛像，一个接一个排列起来，铺满墙壁。每个佛像身上袈裟的颜色都不相同，又按色彩的变化有规律地排列起来，从整体来看就成了一道道色彩斑斓的装饰带，使洞窟华丽而庄严。北朝时期还有不少洞窟用影塑的形式来表现千佛，具有浮雕的效果。

佛教最初是反对偶像崇拜的，后来在宗教的发展中，为了适应崇拜者的需要而产生了佛像。在古代印度，佛和菩萨的形象往往是以当时的贵族形象为模特，按照当时的审美标准来塑造的。佛经中对佛像的特征作了很多说明，如“三十二相”“八十种好”等等，体现着古代印度的美学思想。而在

影塑千佛　莫高窟第428窟　北周

印度北部的犍陀罗地区，由于受到古希腊文化的影响，形成了与印度有所不同的审美标准。佛教传入中国后，最初是模仿印度和中亚传来的佛像形式，隋唐以后，逐渐形成了中国式的佛像。不仅面部形象中国化了，而且佛像的衣饰也变成了中国人的服饰，反映了外来的佛教艺术与中国本土艺术的融合。同时，在佛教艺术长期繁荣发展之中，中国的绘画艺术也受到强烈的刺激，从而得到飞速的发展。敦煌石窟北朝到隋唐的佛像艺术正反映出中国绘画艺术发展的一个侧面。

菩萨

佛两侧的菩萨通常称作胁侍菩萨，根据主尊佛的不同，胁侍菩萨也有所不同，如释迦牟尼佛的两侧，配以文殊菩萨和普贤菩萨，这主要来自《华严经》教义，所以称作“华严三圣”。阿弥陀佛的两侧配以观世音菩萨和大势至菩萨，来自《阿弥陀经》等净土经典思想，称作“西方三圣”，因为阿弥陀佛是西方净土世界的教主。东方药师佛的两侧则是日光菩萨和月光菩萨，称为“东方三圣”，这是源于《药师如来本愿功德经》等经典的思想。

在早期壁画中，佛与菩萨组成说法图，一组三身或有更多的菩萨侍立左右。唐代以后，单独画出菩萨的壁画多了起来，通常在佛龛两侧或窟门两边画出文殊和普贤菩萨的赴会图（也有人称之为“文殊变”“普贤变”），与中央佛龛中的佛像相对应，扩展了说法图的意义。如第172窟的门两侧分别画出文殊和普贤赴会图，门北侧文殊菩萨骑狮子前行，旁有昆仑奴牵狮，后面跟着文殊的眷属及众多的菩萨天人；门南侧普贤菩萨乘白象，前后也有眷属及众多的天人簇拥着。引人注目的是在文殊变和普贤变的上部都画有山水图，如文殊变上部左侧是一组突兀高耸的山崖，接近江面的山峰壁立千仞，令人想起三峡的雄奇，山的颜色用青绿和赭红相间染出，鲜明而又有光感，山崖后面，一条河流蜿蜒流出，越往近处，水波的起伏越明显，最后汇成滔滔大河；中段是一片广袤的平原，其中可见平缓的山丘，山丘后面又有河流，与右侧的河水交汇在一起；右侧则是一望无际的平川，一条河曲曲折折，来自迷茫的远方，河边的树木愈远愈小，消失在天边。由远及近，这三条河

文殊变　莫高窟第172窟东壁　盛唐

普贤变　榆林窟第25窟西壁　中唐

汇于一处，形成壮阔的水面。这种辽阔的山水画无论是对透视关系的处理，还是对光的明暗及色彩的表现，都达到了很高的水平。它不像后代的山水画那样，追求构图的怪、奇、晦涩和重山叠岭，而是努力反映出北方雄浑、壮阔的风光。整幅画体现着爽朗、健康的精神。

文殊变　榆林窟第25窟西壁　中唐

榆林窟第25窟是中唐时期的代表窟，其中的文殊变与普贤变构图简洁，线描流畅而精致。文殊菩萨手执如意，安详地坐在青狮上，昆仑奴双手用力地拉着狮子，而狮子正张口大吼。文殊菩萨与侍从菩萨平静的神情和昆仑奴与青狮形成的紧张感在画面中构成对比，正是画面动人之处。与之相对的普贤变也有同样的画面效果。

第159窟西壁的文殊和普贤赴会图也绘制精美。龛北侧文殊菩萨坐于雄狮背上的宝座，神情安详，手执如意，前后有天龙八部等众神环绕。这些菩萨圣众表情各异，动态不一，如狮尾后部的天女探头外视，天真无邪；下面的菩萨凝神俯视，仿佛沉浸在遐想中；牵狮的昆仑奴双眼圆睁，正用力牵绳，动作神态极为真实。最动人的是狮前的三身伎乐，前面的一身吹着横笛，侧着脸，目光下视，她的头仿佛随着乐曲在轻轻晃动；后面的一身打着拍板，头微微上仰，眉开眼笑，一副喜悦之情；另一身伎乐神情专注地吹笙，眼睛注视着手指的动作，赤脚站在莲台上，翘起的脚趾似乎也在随着音乐的节奏打着拍子。

在文殊、普贤赴会图的下部往往以屏风画的形式画出《五台山图》（五台山在山西省，因为山有五顶称为五台）。北魏以来人们发现五台山的山势与佛经中记载的文殊菩萨的道场清凉山十分相似，便在五台山上建立了供奉文殊菩萨的寺院，后来不断地出现了文殊菩萨在五台山显现的传说，促进了五台山佛教的繁荣。到了唐代，皇帝也多次派人到五台山送供，并有人画出《五台山图》，此图在首都长安一带流传开来，后来甚至连边远地区的敦煌也出现了《五台山图》。五代时期的第61窟，称作文殊堂，就是专门供奉文殊菩萨的，

文殊变　莫高窟第159窟龛外北侧　中唐

洞窟中央设佛坛，原来塑有骑狮的文殊菩萨像，现在已失，仅有狮子的足迹和尾巴保存下来。在此窟的后壁，画出了长达13米多的巨幅《五台山图》。

除了文殊、普贤以外，观音菩萨也是最流行的壁画题材。南北朝时期在中国就出现了表现观音菩萨的浮雕，内容来源于《法华经·观音菩萨普门品》，后来的民间信仰中，把这部分内容从法华经中抽出来，单独诵习，称为《观音经》。唐代壁画中出现了表现观音经的观音经变，如莫高窟第205窟南壁和45窟南壁都画出了观音经变，第45窟画得最完整，艺术水平也较高，中央是观音菩萨像，两侧分别画出观音菩萨救苦救难的场面。佛经中说，如若在海上遇到风浪或海中的妖怪，只要口念观音名号，即可消灾免难。壁画中画出一条大帆船航行在大海中，船中有七八个旅客和五六个艄公，船周围的水中有不少怪鱼怪兽纷纷向这条船攻击，情况十分危急，船中之人都双手合十向观音菩萨祈祷。还有一个画面表现商人们牵着毛驴行进在山中时，忽然山后出来几个手执刀杖的强盗，商人们心惊胆战，做出祈求的样子，这也是表现遇盗难而得观音菩萨救助的场景。这些生动的场面如果抛开其说教内容，正表现了古代的商人或旅行者的真实生活。

随着观音信仰的盛行，在敦煌壁画中还出现了千手千眼

胡商遇盗　莫高窟第45窟南壁　盛唐

观音像、如意轮观音像、六臂观音像、十一面观音像、水月观音像等等，其中水月观音像较有特色。据文献记载，唐代画家周昉最早创作了水月观音像，以水光月色表现出一种空灵的境界，把美丽的自然风景与观音像结合起来，深受人们欢迎。水月观音像反映了中国文人审美意识对佛教美术的影响。敦煌壁画中从晚唐开始出现水月观音，五代、北宋、西夏壁画中均可见到水月观音。其中榆林窟第2窟西夏时代的两幅水月观音意境清新，绘制精美，可称得上是水月观音的代表。此窟西壁门南侧的水月观音，表现观音菩萨倚坐在岩石上，背后有山岩和竹林，前面莲池中绿水荡漾，绿水的一边是一教徒正合十礼拜。观音菩萨全身有一透明的圆轮笼罩，表示月光。周围又有彩云缭绕。观音的身躯以金色染出（现已变黑），与周围的青绿色山水形成对比，显得金碧辉煌。门北侧的水月观音像同样倚坐在岩石上，只是方向与南侧的相反，目光朝向右上侧，在画面右上部绘出彩云间有一弯新月，在右侧彩云上有一童子合十礼拜观音，这是善财童子。右下侧有一和尚向观音礼拜，他的身后有一猴脸之人牵着马也向观音张望，画面表现的是唐僧与孙悟空的形象。唐僧取经的内容在敦煌壁画中共有6处画面，这是其中之一。这两幅水月观音图均以对角线构图，上半部表现天空，这是南宋以来的山水画构图方法，表明西夏艺术对两宋绘画的继承。

水月观音　榆林窟第2窟西壁　西夏

天王、力士

早期的洞窟中，常常在洞窟的四壁下部画出金刚力士的形象，金刚力士也称“药叉”，是佛国世界中护法镇邪的神，其地位较低，所以画在四壁的下部。

第254窟在四壁下部和中心柱四面的下部都画出了一排金刚力士，他们的面貌奇特，动作各异，有的呈马面，有的长猫耳；有的憨厚朴实，有的似相互私语，有的则似相互斗殴，或伸臂露拳，或弓腿挺胸。这些金刚力士的一个共同特

金刚力士　莫高窟第254窟中心柱东向面　北魏

征是体格强健，个个都充满着勇武精神。画家还通过不同的颜色表现出鲜明、强烈而又多少有些怪异的特点。第249窟、288窟、290窟、428窟等北朝各期的洞窟中，都可以看到在四壁下部画出的金刚力士。第288窟画面较清楚，我们可以看到金刚力士身体赤裸，仅穿犊鼻裤，强健的身体充满了一种张力，虽然双眼圆睁，表现着愤怒之态，但由于身体浑圆，动作稚拙，显出憨态可掬的样子。隋代以后，由于壁画构成的格局发生了很大变化，金刚力士出现较少。

天王，是指镇守佛国四方的四大天王。最早出现于西魏第285窟，画在西壁佛龛外两侧，各有两身，头冠与菩萨的头冠一致，身着铠甲，在铠甲下面还露出与菩萨所穿一样的长裙。天王都手持武器，其中有一身天王右手托塔，可以判定是北方天王，其余的三身天王所持长枪大体一样，还没有像后来的四大天王那样有着明显不同的手持物。但总的来说，天王形象在北朝出现较少。

唐代以后，在一些说法图和经变画中也出现了天王的形象，还出现了一些关于毗沙门天王（北方天王）的故事，也有不少单独表现毗沙门天王的画面。天王的形象也逐渐定形，通常穿着中式铠甲，表现出一位将军的形象。五代以后，天王信仰更加盛行，往往在大型洞窟窟顶的四个角画出四大天

天王　莫高窟第285窟西壁　西魏

王。如第61窟、98窟、108窟、146窟就是代表。第98窟窟顶四角的天王画面很大，西侧两身天王已变得模糊，东侧两身天王保存较好，窟顶东北角画出北方天王，他身着铠甲坐在座位上，左手托着宝塔，右手扶在右膝上，头上戴着金光闪闪的头冠，目光炯炯，英姿飒爽。两侧还有天王的眷属和侍从。同窟东南角画出东方天王，也是头戴宝冠，身着铠甲，右手持宝杵，双目圆睁，两旁也有随从人员。两身天王旁边都有文字题记，东方天王旁边的题记是“谨请东方提头赖吒天王主领一切乾闼婆神，毗舍鬼并诸眷属来降此窟”。这表明了天王的身份，也说明了在窟顶绘天王，具有镇窟的意义。

天王　莫高窟第108窟窟顶东北角　五代

飞天艺术

说起敦煌壁画，人们一定会想起敦煌飞天。的确，飞天以其曼妙优美的身姿，灵动飞舞的神韵打动着每一位观众。飞天是敦煌艺术的一个重要代表，但是在佛教世界里，飞天的地位并不高，壁画中最重要的形象是佛和菩萨，此外还有天王、佛弟子以及诸天圣众。所谓“诸天”，就是指佛教天国的众神，飞天就是位列诸天之内的普通的神。因此，在佛教石窟中，表现佛像以及佛国世界是最主要的题材，飞天只是一个配角。

飞天的来历

尽管飞天在佛教艺术中出现较多，可我们在佛经中很难找到“飞天”一词，佛经中较多地用“诸天”“天人”“天女”等词语来讲飞天。“天”是佛教中一个独特的概念，是指佛国世界里的天部诸神（如天龙八部众神）。在天龙八部中，乾闼婆与紧那罗是主管音乐舞蹈之神，这两类天神多表现为飞天的形象，所以有人认为飞天就是指乾闼婆与紧那罗。佛经中又记载，当佛说法的时候，常常有天人、天女或作散花，或作歌舞供养。

如《大庄严论经》中讲到尸毗王舍身救鸽之时：

天人音乐等，一切皆作唱……
虚空诸天女，散花满地中……

《大般涅槃经》也有如下记载：

诸天龙八部于虚空中，雨众妙花……又散牛头旃檀等香，作天伎乐，歌唱赞叹……

《佛本行集经》中讲太子出家之时：

其虚空中，有一夜叉，名曰钵足，彼钵足等诸夜叉众，于虚空中，各以手承马之四足，安徐而行……复共无数乾闼婆众、鸠般茶众、诸龙夜叉……在太子前，引导而行……上虚空中，复有无量无边诸天百千亿众，欢喜踊跃，遍满其身，不能自胜，将天水陆所生之花散太子上。

从以上所举的佛经记述，我们知道在有关佛的本生故事、佛传故事以及佛说法时，往往有诸天人、天女作歌舞供养。这些天人、天女如果飞行于天空，以绘画的形式表现出来，自然就是我们在敦煌壁画中所看到的飞天了。其中当然也包括了乾闼婆、紧那罗这两类歌舞之神。

早在佛教产生之前，古印度的神话传说中就已经有不少天人、天女的传说。印度最古老的历史与神话传说都记录在四部吠陀著作中，其中《梨俱吠陀》中就有不少关于天地的开创、天上的众神的故事，其后还有伟大的史诗《摩诃婆罗多》和《罗摩衍那》继承了不少神话传说故事。这些故事中关于天女（阿卜莎罗）的传说是十分流行的，《罗摩衍那》中记载创世之初的“搅海”的故事，就提到了由于搅海而出现了天女。在诗篇中，天女是水之妖精。传说中这些天女是公共的女人，反映了原始时代男女杂婚的遗风。阿卜莎罗作为天上的美女，有着很多的爱情传说故事。所以，在后来的佛教艺术中，也自然地吸取了印度古代传说中的天女阿卜莎罗以及乾闼婆等形象，那些飞行于天空的飞天，多数是成双成对的形象，也许就是源于乾闼婆和阿卜莎罗传说的影响。

随着佛教传入中国，飞天这一形象也伴随着佛教艺术传入了中国。我们从中国西部新疆地区的石窟到敦煌、河西地区，一直到中原地区的石窟寺或者散见的佛教雕刻、壁画中都可以看到飞天的形象。

如前所述，中国人最初认识飞天，也只是像印度一样作为一种天人来看待，虽然“天人”在佛教中可以包括天龙八部等天部的诸神，但在实际的绘画或雕刻中，我们很难一一确认其形象，只好笼统地称为天人了。在魏晋南北朝以后，由于受到传统的神仙思想影响，飞天这一形象与中国式的神仙（包括道教的“飞仙”）逐渐结合起来，形象也显得飘逸起来。佛教中本来意义上的诸天形象，诸如龙神、乾闼婆、紧那罗（鸟形）、阿修罗、迦楼罗（本来是金翅鸟）等原来的形象特征都看不到了，而只是飞行在天空的人形。

飞天在中国，其数量及表现的普及程度已远甚于印度，而在表现形式上与印度也大不相同，但在中国的佛教艺术中，依然可以找出印度的某些样式特征，毕竟飞天作为佛教艺术的一种形象，本来就是来自印度，它不可避免地带有印度的痕迹。如双飞天的形式，在印度是较为常见的，通常表现为在佛的两侧上部各有一身飞天相对而飞，表示在佛说法时，天人们散花供养的场面。还有一种双飞天，就是两身飞天紧靠在一起飞，在印度多为男女成对在一起。这两种形式的双飞天都传入了中国，但那种男女双飞的形式却有所改变，再也看不出男女的区别了，而是都表现出非男非女的形态。从双飞天形式在中国的变迁，可以看出中印两国审美精神的差异。印度所欣赏的那种带有深厚性爱特征，表现形式上又注重肉体感观之美的双飞天在中国几乎消失殆尽，而代之以中国自魏晋以来对神仙境界的追求，在形式上则追求一种流动飘逸之美。中国画的流畅舒展的线条美在飞天身上表现得淋漓尽致，这正是中国艺术所追求的美之所在。

早期的飞天

北凉北魏时代的飞天形体较短，受西域风格影响，身体呈“V”字形，转折强烈，由于身体强壮，有一种沉重之感。飞天多画在佛龛内或说法图中，佛的两侧上部往往相对画出两身或四身飞天，如第254窟中心柱正面佛龛上部两侧各有两身飞天，他们上身半裸，斜披天衣，下着长裙，但露出赤脚，飘带绕着双臂飘下，在飘带的末端形成尖角。身体转折较大，差不多形成90度直角，显得力量有余，柔软不足。第257窟北壁说法图虽已残损大部，但在左上部的一组飞天却完整地保留下来。这组飞天共八身，他们有的迎风而舞，有的双手合十，有的面向后倒着飞行，姿态各不相同，飘带和衣裙随风飞舞，形成一种满壁风动的效果。

第248窟的飞天较多地画在人字披东西两面的仿木结构的椽间，这里采用了中原式画法，注重线条，没有西域式那种厚重的晕染而显得眉目清秀。这些飞天束发，神态恬静安详，身材苗条，但又不过分修长，细细的飘带随风飘动，飘带的末端形成尖角，柔和自然。这种中原式的飞天到西

飞天　莫高窟第257窟北壁　北魏

飞天　莫高窟第248窟人字披西披　北魏

魏以后便开始在洞窟中流行起来了。

飞天　莫高窟第249窟西壁龛内　西魏

西魏第249窟正壁佛龛两侧各画出一组双飞天，左上侧一身飞天，身体弯曲成直角，面朝后，正专注地吹奏筚篥，他身体的姿势仿佛从天上掉下；左下的一身飞天身体呈“U”字形，大幅度地弯曲，他握手起两手，好像正要拍击腰鼓，他的脸朝着中央的佛像，一腿尽量往前跨。右上侧的飞天跟左上侧的飞天相对，也是身体弯曲成90度角，正吹奏横笛。右下一身飞天在拍击腰鼓，这四身飞天均裸上身，腿被夸张地画得很长，弯曲的幅度特别大，他们一上一下，有一种强烈的动感，又借助飘带和长裙飞舞而形成的曲线，构成优美的韵律。这几身飞天的服饰以及画法都是西域式的，但在动作上，特别是夸张地拉长了的身体和飘动的长裙，显然是受中原风格的影响。在第249窟南北壁两铺说法图中，也分别在佛的两侧相对画出四身飞天，下部飞天身体强壮，上身半裸，下着长裙，身体弯曲成圆弧形，形成一种强烈的张

飞天　莫高窟第249窟南壁　西魏

力，上面的飞天则穿着宽大的长袍，身体清瘦，飘带也画得细腻。上面的飞天更明显地表现出中原风格的所谓“秀骨清像”的特征，下部则是西域风格的飞天。这两种截然不同的飞天，一强一弱，一粗犷一纤细，和谐地组合在一起。

最有特色的还是第249窟顶部的飞天，此窟的顶部画的是中国传统神话中的东王公、西王母及相关的朱雀、玄武、雷公、电母等形象，而传自佛教的飞天也与具有中国神仙思想的飞仙一起飞翔在这个奇妙的天国世界中。如画在南披的西王母，在凤辇的前后各有一身飞天、一身乘鸾仙人。画面上有仙人、神兽、祥云、飞花，充满了飞动的气氛，以此烘托出仙境的场面。类似的表现我们在西魏第285窟的窟顶也可以看到，此窟的窟顶表现的主题是中国古代传说中的伏羲、女娲以及雷神、风神等等，飞天也与这些神仙一起出现在云气飞扬、天花飘飘的空中。从第249窟、285窟的窟顶壁画中，可以看出佛教的飞天与中国传统神仙完美地结合在一起，共同表现出神仙思想，而这种神仙思想出现在佛教的洞窟中，实际上反映了古代中国人最初是把佛教当成一种跟神仙思想一样的东西来认识的，这一点在很多历史文献中都有记载。

在第285窟南壁还画出了十二身飞天，在云气缥缈、鲜花满天的背景中，他们一身接着一身，轻快地飞行。他们均半裸上身，下着长裙，头梳双髻，面庞清秀，面带微笑。有的弹奏着箜篌，有的吹着横笛，有的一手支颐，一手前伸，显得矜持而娴雅。正如汉代文学家傅毅《舞赋》中所写“罗衣从风，长袖交横”“绰约闲靡，机迅体轻”，体现着汉代以来的审美风范。

虽说在西魏时代中原风格已经大规模地传入了敦煌，但是敦煌地处丝绸之路要冲，不断地受到来自西方的文化影响，到北周时一些洞窟的壁画又回到了西域风格，第428窟就是

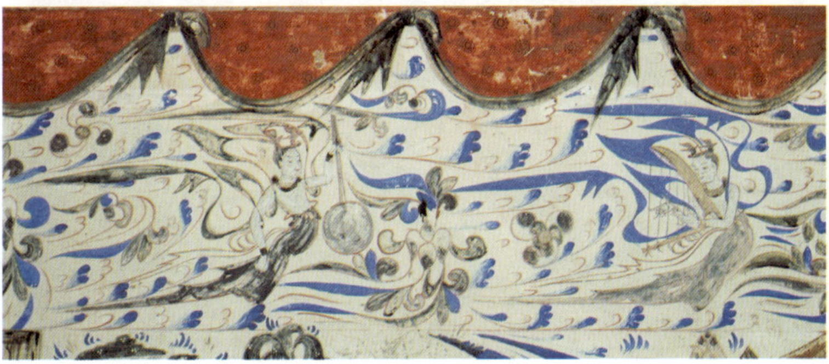

飞天　莫高窟第285窟南壁　西魏

这样一个洞窟。这是一个大型的中心柱窟，窟内壁画基本上采用西域式的画法，在窟顶的平棋图案中，往往在四角画出四个飞天的形象，这些飞天体格健硕，动感强烈，与北凉北魏时期的飞天比较接近，但在身体比例的准确性和动作的灵活性等方面，就显得非常成熟了。在顶后部的平棋中还出现了一些裸体飞天，均为男性，身体比例适度，动态自然。裸体飞天在印度是十分常见的，但到了中国以后，出现较少，在新疆的克孜尔石窟等处，还可以看到一些裸体飞天，但在中国内地的云冈、龙门等石窟基本上没有出现。敦煌在北朝的一些洞窟中出现少数的裸体飞天，如北魏的第257窟、431窟，西魏的第285窟等。北周第428窟的裸体飞天形象清晰，色彩大体完整，从中可了解西域风格画法的特点。

裸体飞天　莫高窟第428窟窟顶　北周

飞天　莫高窟第428窟南壁　北周

第428窟南壁前部的说法图中，有一组四身伎乐飞天：第一身回过头，怀抱琵琶；第二身抱着箜篌在专注地弹奏；第三身一条腿向前跨，正吹奏横笛；第四身双手拍着腰鼓。他们都裸着上身，着长裙，赤脚露在外面。由于变色，身体晕染部分都变成了较粗的黑色线条，仅在双眼和鼻子、下巴部位保存着白色，使人感到一种粗犷的效果，配合他们强健的身体和有力的动作，愈显得充满了力量感。

南壁靠后部说法图中的两身飞天也较有特色；左侧一身吹奏着筚篥，仿佛从天上直插下来，双脚上下拍打着，像个顽皮的孩子，憨态可掬；右侧一身与左侧的飞天相对，也是从上向下飞来，双手弹奏着琵琶。由于变色形成又粗又黑的线条，使飞天的形象更加简练完整，在土红底色上，明快而富有韵律，飞天身上长裙的线条具有大写意的效果。

隋代的飞天

隋代的飞天多以群体的形式出现，如第423窟、390窟、244窟等窟都在四壁上部接近窟顶的地方画出一道装饰带，其中飞天一身接着一身向中央佛的方向飞行，这些飞天小巧玲珑、灵活多姿，加上飘带简练流畅，形成一种快速飞行的气氛。第427窟也同样，在四壁上部画出天宫栏墙和飞天，在深蓝色的天空中，飞天的飘带配合流云构成轻快飞动的效果，造型的简练优美、动作的急速、色彩的丰富变化就是这个洞窟飞天的动人之处。由于变色的原因，底色形成了深褐色与蓝色交织的状况，犹如一道奇妙的色光，使这些飞天透出一种不可思议的神秘感。

飞天　莫高窟第427窟南壁　隋

飞天　莫高窟第404窟北壁　隋

第404窟的四壁上部，画家以蓝色作底，并有意表现出颜色由浅到深的变化，具有光的自然效果，非常真实地表现出飞天轻盈地飞行于天空中的情景。如北壁上部这两身飞天，头梳双环髻，前一身飞天穿着大红色长裙，回头吹奏着笙，显得很悠闲，后一身飞天穿着黑色长裙，一手托着一朵莲花，虔诚地向前飞行，在蓝天的背景中，有一种脱壁欲出之感。

隋朝的艺术家对飞天的喜爱和描绘达到高峰，在佛龛上、藻井中、说法图中和四壁上部等很多地方都画满了成群结队的飞天，若单从飞天的数量上来看，隋代的飞天不亚于唐代，在装饰画、藻井图案中，飞天往往与其他形象相配合，相得益彰，出现了很多杰出的作品。

隋代第305窟窟顶南北两壁分别画出了东王公、西王母等形象，这一题材在西魏时代已出现，但在这里，飞天的形象则大量出现了。如北披的西王母的凤辇前，上部有一身羽人引导，前面还有两身飞行的比丘，下部是三身飞天，各托鲜花飞去，凤辇后面则是四身飞天飞舞着跟随，飞天拖着长长的飘带，与天空中的彩云和天花相伴急速地向前飞去，呈现出浩浩荡荡行进的态势。南披的东王公龙车前后也表现了与北披一致的飞天及气氛。东西两披的布局大体一致，都在中央画摩尼宝珠，两边各有四身飞天向着中心飞来。这样，窟顶画出了几十身飞天，在彩云飘扬、天花飞舞的空中，构成了一个飞天的世界，使整个窟顶的空间变得无限辽阔深远。

画在佛龛中的飞天也同样富有气势，第420窟正面龛的龛顶，共绘出十五身飞天，与四壁上部的天宫栏墙内的飞天不同，不是那种整齐排列朝着一个方向的飞天，而是自由自在，演奏着各自不同乐器的飞天，他们似乎纷纷从天而降，使人目不暇接。几乎每个飞天都有不同的姿态，绝无雷同，有的柔和，有的强劲，有的迅疾，有的舒缓，各有个性。

第412窟本来是一个大型洞窟，现在大部分已塌毁，但西壁的佛龛却完整地保留下来了。这个佛龛很大，里面塑出

飞天　莫高窟第412窟龛顶　隋

了佛和十大弟子彩塑，龛顶则画出二十六身飞天，可以说是飞天最多的一个佛龛。这些飞天有的手托莲花，有的手持璎珞，有的弹奏乐器，有的在舞蹈散花，最特殊的是飞天中还有不少是身披袈裟的比丘，他们上下翻飞，自由翱翔，在土红底色的烘托下，更有一种热烈欢快的气氛。

唐代前期的飞天

初唐的飞天不像隋代那样飞得急速，而更多地表现出一种悠闲感。第329窟的飞天是较为突出的，本窟的窟顶中心是一个以莲花为主的藻井图案，在中心莲花的四周，深蓝色的底色中，有四身飞天随着流云自由自在地飞翔。在藻井外缘的帷幔

飞天藻井　莫高窟第329窟窟顶　初唐

外，又画出十二身伎乐飞天，他们的背景是浅黄色的，与中央的蓝底色形成对比，在五彩云的衬托下，他们演奏琵琶、箜篌、腰鼓等乐器，朝着一个方向连续不断地飞去，华丽无比的图案以及他们活泼多姿的动态给观者以无限的遐想，你会感到天空是那样的宽广无垠，又充满着美妙的音乐之声。

在第329窟的龛顶两侧，分别画出佛传故事“乘象入胎”和“夜半逾城”，表现的是释迦牟尼诞生前的预兆和为了修行而离家出走的情节。龛顶右侧画面中，画出一菩萨乘象奔驰，前有乘龙仙人引导，前后有二菩萨侍立，又有雷神、风神跟随，前面有四身飞天迎着菩萨，或托花供养，或演奏音乐，载歌载舞，姿态优美，后面还有一身飞天演奏着乐器，天空弥漫着流云和鲜花，有一种热烈而欢快的气氛。龛顶南侧画面中，表现悉达多太子乘马而行，前面也有乘龙仙人引导，后有风神、雷神，前面也有四身飞天欢快地歌舞，后随二身飞天持花供养，伴随着彩云、鲜花，飞天们身体柔和，姿态优雅。

第321窟在佛龛顶部画出天宫栏墙，沿着天宫栏墙有一群体态婀娜的天人，神情悠闲逍遥，有的在朝下散花，有的则好奇地看着下面的人间世界。正如唐诗中所写“飘飘九霄外，下视望仙宫”。佛龛上部以深蓝色画出天空，在靠近佛背光的地方，菩提树前相对画出两组飞天，右侧的飞天均一

凭栏下视的天人　莫高窟第321窟龛顶　初唐

手托着花蕾，一手自然展开，长裙衬托着柔和的身姿，长长的飘带随风飞舞。左侧的飞天与右侧相对，也是身体朝下飞来，一手拈花蕾，一手轻柔地散花。这两组飞天体态自然而柔和，每一条飘带、每一个动作都显得那么完美。

盛唐时代是敦煌艺术的黄金时代，飞天的描绘也表现出成熟而完美的特点。第172窟西壁佛龛顶部，在华盖两侧各画出两身飞天，华盖右侧的飞天，一身头枕着双手，身体舒展，怡然而上，仿佛鱼在水中悠然游过，另一身头朝下，双手捧着花蕾，飘然而下。这两身飞天一个向上，一个向下，身旁的彩云也随着不同的方向翻卷，形成一个充满动态的结构。本窟窟顶的藻井也比较独特，藻井中心画出莲花，外沿画出复杂的图案，

飞天　莫高窟第172窟西壁龛顶　盛唐

如卷草纹、团花纹、几何纹等，层层递出，最外层则易方为圆，把四周垂角纹和流苏画成圆形，更具有华盖的真实感。在最外沿，圆形华盖与方井交汇形成的四个岔角中，分别画出四身飞天。飞天身体修长而柔和，长长的飘带体现出他们轻松的动态，简单的几朵彩云，衬托出他们无拘无束的身姿。有了这些飞天，壁画的空间好像变得辽阔了。

本窟北壁的经变画中几身飞天好像在不停地飞行，右上角的那身飞天仿佛刚从地面腾空而起，手托莲花正要献给佛陀，与她相对的右侧一身飞天也同样，双手张开，手托着莲花，一条腿轻提，正向上飞升。靠近中部也有两身飞天从不同的方向向着中央大殿飞去，右侧这一身飞天一手向前一手向后，手中均托着花蕾，好像是以很快的速度飞来；左侧这一身飞天飞近楼阁，双手合拢，身体呈半蹲状，好像正要着

飞天　莫高窟第172窟北壁　盛唐

地的一瞬间。这些身姿轻盈的飞天，在广阔的空中自由翱翔，令人不禁想起李太白的诗："素手把芙蓉，虚步蹑太清，霓裳曳广带，飘拂升天行。"

第320窟南壁佛说法场面的上部画出四身姿态优美的飞天，以宝盖为中心，分两组相对画出，左侧这一组，前面的飞天头梳双丫髻，双手上举，正在散花，她的面庞微微向后，漫不经心地看着后面的飞天，长长的锦裙紧贴身体；后面这身飞天双手高举，一条腿提起，一条腿伸直，动作强烈，好像正努力追赶着前面的飞天。一紧张，一舒缓，富有戏剧性。右侧的两身飞天形式上与左侧一致，两组飞天都是裸着上身，穿着长长的锦裙，双脚藏在长裙中，结构单纯而完美。画家通过一张一弛的对比统一，表现了飞天的两个典型动态。

双飞天　莫高窟第320窟南壁　盛唐

飞天　莫高窟第39窟西壁龛内　盛唐

第39窟是一个中心柱窟，在西壁又开一个佛龛，内塑佛涅槃像，这是一个绘塑结合的涅槃经变。佛经中记载，当佛涅槃之时，诸天从天空散曼陀罗花等各种鲜花供养，于是在壁画中也画出了五身飞天从天而降，左侧一身飞天一手托着一盘鲜花，一手轻拈花蕾，一条腿正往前跨，身体向下倾，表现出飞速而下的瞬间。右侧的与之相对的一身飞天动作姿态都跟前者相对称，龛顶中央又有一身飞天，头朝下直落下来，两侧各有一飞天相对向着中央飞来，都双手托着一盘花蕾，神情虔诚。这些飞天体态修长，配合着长长的飘带更显得潇洒自如。他们的飘带都飘出了龛外，突破了画面边界的限制，仿佛真的从龛外飞下来似的。

唐代后期的飞天

中唐以后壁画中的飞天身体趋于肥胖，但仍表现出雍容的气质，经变画中的飞天与盛唐壁画中的一样，小飞天穿梭飞行于佛国世界的宫殿楼阁之间，人物形象较小，画得更为小巧精致，如第159窟南壁西侧的法华经变上部两侧各有三身飞天，乘着彩云飞速地向中央飞来，靠近中部宝塔的几身飞天则双手上举，半跪在云中。中央的阿弥陀经变上部有两身飞天，双手上扬正向上飞行，这些飞天形体虽小，却刻画细腻，真实地表现了飞天的不同动势。

在220窟甬道南侧龛内也有两身小飞天，因这部分壁画是剥离了表层壁画而露出的，线条和颜色都很新鲜。飞天双手托花上举，上身半裸，穿红色长裙从天而降，比起盛唐的飞天来，衣饰不再那样华丽，也没有烦琐的花纹，但飞天的飘带翻卷而形成的圆圈却增加了，不仅具有装饰性，而且衬托出飞天的飞行速度较慢，亦显得雍容庄重。在绘画艺术上，画家更善于用寥寥数笔就勾勒出形体，色彩简淡，颇有写意的效果。

持璎珞的飞天　莫高窟第158窟西壁　中唐

第158窟配合大型涅槃佛像，画出了涅槃经变的内容。本窟的涅槃经变突出地表现众弟子及世俗人物因释迦牟尼的离去而悲伤的场面。据佛经上说：“尔时，帝释天及诸天众，即持七宝大盖、四柱宝台、四面庄严、七宝璎珞，垂虚空中，覆佛圣棺，无数香花、幢幡、璎珞、音乐、微妙杂彩空中供养。”（《大般涅槃经》）根据这些内容，壁画的上部还画出了不少飞天，有的双手托花，跪在云间；有的弹奏乐器；有的在空中散花。他们都神情庄重，飞行缓慢，与经变的气氛一致。特别是西壁的一身飞天，表情忧郁，双手持璎珞，缓缓地飞下来，表现出一种哀悼之情。这些都反映了中国人按中国式的思想来理解和表现涅槃这一主题，而飞天在其中，正是这种精神的表征。

晚唐以后，在窟顶藻井周围画出一圈飞天的形式较为流行，并形成了一种模式。第161窟窟顶的藻井较为特别，井

飞天　莫高窟第161窟东披　晚唐

心画的是一身千手千眼观音菩萨，观音坐在莲座上，他的千百只手形成一个圆圈，像一个美丽的光环，观音两侧上部画有两身向上飞升的飞天，左侧的飞天两手伸开散花，右侧的飞天正吹奏着横笛，形象生动，色彩绚丽。在藻井四边各画出四身伎乐飞天，分别演奏着笙、排箫、笛、琵琶、腰鼓等乐器，他们一身接着一身飞行，不同的演奏姿态，不同的飞行动作，显得充满了活力。画家还往往在一列飞天之中画出一些特别的形象，造成一定的变化。如东披的飞天，三身面向观众，而第二身吹笙的飞天则画成侧面形象，表现出专注的神情。南披四身飞天中，右起第一身飞天，双手握箫吹奏，身体向后倾，背向飞行方向，显得很悠闲。第二身飞天弹奏着琵琶，头朝下，倒着飞行。这些别致的形象打破了整齐划一的格局，使画面富于变化。第80窟窟顶藻井的边沿也像161窟那样画出一周共二十二身飞天，这些飞天或正面或侧面，或倒向飞行，自由变化，多姿多彩，飞天的旁边都画出色彩浓丽的五彩云朵，使她们看上去像在云雾中，别有风韵。

五代以后，莫高窟虽然仍在持续不断地开凿，甚至还开凿了不少大型洞窟，但由于与中原文化交流较少，在壁画艺术上没有更多的创新，飞天的描绘也呈现衰落的景象。西夏到元代，随着政权的更替，来自少数民族地区或者内地的艺

飞天　莫高窟第97窟西壁龛内　西夏

术影响到了敦煌，出现了一些特别的画法，但数量不多。如第97窟正面佛龛中，在菩提宝盖两侧对称地画出两身童子飞天，都是秃发，在头两侧有小发辫，前额垂下两道红带子，身穿一种兽皮制的背带衫（类似背心的服装），脚穿红靴，这些都表现出回鹘民族的一些特征。两身飞天都面形丰满，略显出儿童的稚气，他们一手托着盘中的花朵，一手扬起散花，彩云簇拥，飘带翻飞，映衬着孩童特有的丰腴的肌肤，使画面中的飞天颇有情趣。

元代第3窟的飞天也是以儿童的形象来表现的。在南北壁千手千眼观音像的上部两侧，各有一身飞天。南壁的飞天或跪或蹲于彩云上面，手托鲜花做供养状，神情虔诚。北壁的两身飞天较活泼，西侧这身飞天一手握着两支长茎莲花，另一手托着一个花蕾，正从云中下视；东侧的飞天也是一手持长茎莲花，一手托花蕾，而身体倾斜，仿佛就要飞下来。这四身飞天身体较短，形象丰满，色彩浓丽，画家强调的是儿童的天真可爱，这也许与宋元以来民间对儿童画的喜爱有关。

总之，敦煌壁画中飞天可以说是无处不在，画家们以极大的热情来描绘飞天，飞天的存在使严肃的宗教绘画变得富有情趣，生动活泼起来。敦煌飞天的造型与印度那种写实性较强的飞天不同，更强调一种理想的形式美，一种流动之美。长长的飘带，辅以流云，形成了一种飞动的韵律。这种形体的流动，又如书法一般，通过线条的流动感体现出一种畅快而生动的气韵。总之，敦煌飞天艺术是中国人物画艺术中的一朵奇葩，它介乎似与不似之间，真实与想象之间，创造了无限动人的形象。

中国传统的神仙

古代的中国人希望能够长生不老，幻想着能成为神仙，自由自在，于是产生了一些传说，其中就有西王母、东王公以及伏羲、女娲等神仙的故事。这些故事从先秦到两汉都很流行，并在墓葬中的壁画、石刻等画面中表现出来。佛教传入中国后，不断地与中国传统文化发生冲突，为了能在中国这块土地上生存和发展，佛教开始与中国本土文化融合，吸收了不少中国文化的内容，因此，东王公、西王母及伏羲、女娲等中国传统神仙的形象便在石窟中表现出来了。同时，这种现象也反映了当时的信众对佛教“来世”思想的理解，正与中国传统的神仙思想相一致。

东王公与西王母

莫高窟第249窟平面为方形，窟顶为覆斗形顶，正壁开一个大龛，龛内塑佛像，龛外两侧各有一身菩萨，这三身塑像都经过了后代的重修，但佛和菩萨的身材修长、面貌清瘦，仍可看出一点西魏的风貌。洞窟四壁的上部绘制了一周的天宫伎乐，下面分别绘有千佛及说法图、供养菩萨等。

本窟的窟顶内容十分独特，南披的主体形象是乘三凤车的西王母。西王母着大袖襦，头梳高髻，面容端正。凤车上

西王母　莫高窟第249窟窟顶南披　西魏

悬挂重盖，车后斜挂旌旗。西王母左侧立一持缰御者，车前有乘鸾持节的仙人作为引导，车后有开明神兽护卫，在西王母前后都有仙人跟随，组成浩浩荡荡的巡天行列。这些画面与古代文献所记载的“西王母乘翠凤之辇而来，前导有文虎、文豹，后列雕鳞、紫麢”（《拾遗记》）“（西）王母乘紫云之辇、驾九色斑龙，别有五十天仙，侧近鸾舆，皆长丈余，同执彩旄之节，佩金刚灵玺，戴天真之冠，咸住殿下”（《汉武帝内传》）等相符，说明画面主题就是西王母。与南披相对，北披画面的主体形象是乘四龙车的东王公。东王公身着宽袖长袍，给东王公驾车的叫造父，他身着红色长袍，持缰驾驭龙车。东王公与御者的头部及车的前部画面有所损毁，其他部分尚保存完好。龙车前有乘龙持节的仙人导引，后有天兽相随，周围是各种神怪形象，他们向着洞窟的西壁方向飞驰。

东王公　莫高窟第249窟窟顶北披　西魏

在《山海经》等古代典籍中记载的西王母住在西方的昆仑山西北，常有三青鸟为伴，其形象则很怪，“豹尾、虎齿”“蓬发戴胜”，是个人兽混合的怪物。而有关东王公的记载，则说他“长一丈，白发皓首，人形鸟面而虎尾”，看来也是一个人兽合体的怪物。另一本古籍《穆天子传》中，则记载了一则优美的故事，说周穆王到遥远的西方巡游，在瑶池见到了西王母，并与西王母吟诗唱和。西王母为周穆王唱道：“白云在天，丘陵自出，道里悠远，山川间之，将子无死，尚能复来。”她希望与周穆王再次相会，穆王也唱道：“予归东土，和治诸夏。万民平均，吾顾见汝，比及三年，将复而野。”这充满浪漫情调的传说，也许就是当年中国帝王与西域的最早交流。后来，周穆王也被称为东王公，东王公又被称为扶桑大帝，统管男女仙人；而西王母则被称为九天元女，又称金母，与东王公共管“天上天下，三界十方”，而他们的形象也随着地位的提高进一步被美化，成为中国古代神仙传说中的重要人物。在汉代以来的绘画中，有关东王公、西王母的传说成为人们最为喜爱的内容。从山东嘉祥画像石、沂南画像石乃至四川成都等地发现的汉代画像石、画像砖中，都可以找到很多表现东王公、西王母的画面。因为这样的神仙特征，特别富有异国情调，迎合了当时社会中求仙问道的普遍时尚，因而得到了社会各阶层的看重。在汉初有一首童谣“着青裙，入天门，揖王母，拜木公”，意思是世人得道升天，必须先进入天门后拜谒东王公、西王母。另外，在当时人们看来，死后成仙最好的去处就是昆仑山，去见东王公、西王母。所以当时有一首乐府诗是这样说的："驾虹霓，乘赤云，登彼九嶷历玉门，济天汉，至昆仑，见西王母谒东君。"这说明东王公、西王母所居住的昆仑山是修道者追求的仙境，而且他们本身也已成为人们死后奔仙的导师，这也就是为什么他们的形象大量出现在汉代以来的明堂、宫殿和坟墓中。在当时人们的思想中，还常常把佛教的须弥山当作传说中的昆仑山，于是，佛教的圣山与中国传统的仙山也合二为一了。

汉代以后直到魏晋南北朝时期，有关东王公、西王母的传说故事依然十分流行。从酒泉丁家闸五号墓壁画中，我们也可以看到完整的西王母与东王公形象，它们画在墓室的顶部，表达了当时人们对于死后成仙的愿望。莫高窟第249窟的东王公、西王母与汉代以来画法的不同处在于：东王公、西王母不是端庄地坐在仙山上，而是分别乘着龙、凤辇在空中急驰，前后跟随着众多的神仙。这一题材后来也不断出现在敦煌壁画中，如莫高窟北周第294窟、296窟，隋代第305窟、401窟等洞窟中，多画在窟顶南北披或龛外南北两侧，其形式大体与第249窟的一致，都是东王公和西王母分别乘龙车、凤车作急速前行的场景。

开明神兽　莫高窟第249窟窟顶东披　西魏

除了东王公、西王母外，在249窟还画有其他大量的中国传统神话的图像。比如在南、北、西披出现的人首兽身的怪兽，有九个头的、十一个头的，还有十三个头的，这就是《山海经》中所记的“开明神兽”。

在第249窟的窟顶西披，中央画出须弥山形，下部的两侧还分别画出风、雨、雷、电四神。这四神都是古代人们对自然界崇拜的产物，东汉王充在《论衡》中记载了雷公的形象，就是画了个力士，周围扯起连鼓。敦煌壁画中的雷神正是这样，一个像力士一样的怪兽，周围的鼓分布成一个圆圈。在雷公下部那个手持尖钻，砸石发光的就是称为“霹电”的电神。这一形象与现存一件北魏墓志上的电神极为相似，北魏墓志上有明确榜题为“霹电”。在249窟西披北侧与雷公、电神相对的位置，画的是风伯和雨师。

在第249窟的东、南、北披上还分别画有中国传统的四位方位神：青龙（东方之神）、白虎（西方之神）、朱雀（南方之神）、玄武（北方之神）。其中东披画的玄武较为独特，

雷公与电神　莫高窟第249窟窟顶西披　西魏

形象为龟与蛇交织在一起的形象，这是中国古人想象出来的神。

在东王公与西王母随行的神仙中，还有耳出于顶、裸体披巾、臂生羽毛、奔腾于空的“羽人”。这就是古人所说“千岁不死，羽化升天”的神仙，通常在汉晋时的墓葬绘画中出现，是作为引导死者灵魂升天的引路之神。

伏羲与女娲

伏羲、女娲的形象出现在莫高窟第285窟的窟顶。这个洞窟有明确的文字题记，记录了凿建时间为西魏大统四年、五年（公元538、539年）。此窟的窟顶画风与第249窟有些接近，都有飞动的彩云和各种传说中的神怪。东披画面中央描绘两个力士共同持一支莲茎，上面开放一朵大莲花，莲花

中有摩尼宝珠。在摩尼宝珠的两侧，分别画出伏羲和女娲的形象，他们上半身是人，下半身是兽形。左侧为伏羲，他一手持矩（折角尺子），一手持墨斗，身上有一圆轮，内有金乌，象征太阳；右侧为女娲，手持规（圆规），身上圆轮内有蟾蜍，象征月亮。规、矩、墨斗等物为木工的用具，分别用来画圆形、方形和直线，古人认为“天圆地方”，这里圆和方就象征着天地，寓意伏羲、女娲为开天辟地之神。在伏羲、女娲的下部还画有开明神兽与仙人，在同窟窟顶的南、西、北披，分别画有风、雨、雷、电四神，以及飞廉、羽人等形象，这些神仙的形象与第249窟窟顶所绘大体一致。

伏羲与女娲　莫高窟第285窟窟顶东披　西魏

莫高窟第285窟窟顶东披全景　西魏

伏羲、女娲作为开天辟地创造世界之神，早在先秦时期就有文献记载。到了汉代，以绘画形式表现的伏羲、女娲也多了起来，王延寿的《鲁灵光殿赋》中就叙述了殿堂壁画中关于伏羲、女娲等各种神话的绘图，“上纪开辟，遂古之初，五龙比翼，人皇九头，伏羲鳞身，女娲蛇躯”。鲁灵光殿已经不存，但在现代的考古发现中，我们从洛阳的汉墓到西北嘉峪关魏晋墓中都可以看到有伏羲、女娲的画像。通常伏羲手持矩，身上有一圆轮，内有金乌，象征太阳；女娲持规，身上圆轮内有蟾蜍，象征月亮，上半身为人形，下半身是蛇形。有时伏羲和女娲的蛇形下半身还缠到一起。

第249窟、285窟都是西魏时期的洞窟，这一时期，东王公、西王母、伏羲、女娲等中国传统神话中的内容大规模地出现在佛教石窟中，与佛教壁画内容完美地结合在一起。在画法上则利用飞动的云朵和纹饰，着力渲染一种飘飘欲仙的动势，造成一种满壁飞动的效果，反映了佛教对中国文化的兼容性，以及外来佛教与中国本土文化的融合，同时也可看出这个时期从中原传来新的艺术风格对敦煌壁画产生了强烈影响。从北魏到西魏，由于孝文帝的改革，作为统治者的鲜卑民族开始全面学习汉民族的先进文化，从政治制度到语言、服饰等都进行了一系列的改革，特别是迁都洛阳以后，更加速了汉化的进程，南方的艺术也大量影响到了北方。一方面是佛教思想较为开放，把中国传统神仙思想都吸收到佛教石窟中来，另一方面在艺术风格上吸收了南方的影响，以第249窟、285窟、288窟等窟为代表，佛、菩萨的形象都是身材修长、面庞清瘦、眉目开朗、嫣然含笑，他们都穿着宽袍大袖的衣服，再加上丰富的飘带，衣裙飞扬，飘飘欲仙，这就是当时南方绘画中流行的“秀骨清像”“褒衣博带”的特征。

极乐世界的景象

对于佛教信众来说，佛国世界是怎样的景象，一定是他们都想知道的，于是古代的画家们根据佛经中的记载，并充分发挥自己的想象力和创造力，描绘出一种场面宏大、境界雄浑、充满美妙景象的极乐世界图，这就是经变画。

经变画就是概括地表现一部佛经的主要内容的画，其情节较多、规模较大。它不像佛经故事画那样单纯地表现一个有头有尾的故事，而是综合地表现佛经所记的场面。佛经主要是讲佛教哲学思想和修行方法等理论的，有的佛经是利用很多故事来说明一定的宗教理论，这类经变就可以描绘出一些生动的故事。但有的佛经没有什么故事，画家通常就表现佛讲法的宏大场面，内容往往是以佛为中心，周围还要表现众多的佛弟子、菩萨及天龙八部等众，以及世俗人物听法的场面，所以经变画往往是人物众多、场面盛大。在佛教传入中国的初期，讲述故事的佛经流传较多，佛教也需要通过浅显易懂的形式来宣传佛教的基本理论。到了隋唐以后，佛教在中国已经很流行了，佛教理论性的经典更受到重视，于是在佛教壁画中也就流行起经变画了，很多经变画仅仅表现佛说法的场景，表现佛所在的净土世界。

根据经变表现形式，大体又可分为两个类型，一是叙事性经变，一是净土图式经变。叙事性经变往往有一定的故事情节，或者以一定的情节为线索来表现佛经教义，具有故事画的某些特征，画面可以按一定的顺序来看，如出现较早的涅槃经变、维摩诘经变就属于此类。净土图式经变则是以佛所在的净土世界为中心，表现佛教净土世界的种种场面。虽说有的经变也有故事情节，但故事画面不占主要地位。代表性的经变有阿弥陀经变、观无量寿经变、弥勒经变、法华经变等。唐代以后的石窟中通常都在左右两侧壁及门两侧各画出通壁巨制的经变。中唐以后，经变画的种类越来越多，往往在一壁之中并列画出两三铺经变。五代的一些大型洞窟还有在一面壁上画出五铺经变的情况。总之，经变画是唐代以后敦煌壁画的主要题材，在石窟中有着举足轻重的作用。经变画也是中国式的佛教艺术的代表，体现着中国人对佛教的理解和中国人的审美观。古代画史中记载了隋唐和唐以后中原地区很多寺院壁画的经变画，其中有不少是展子虔、吴道子等著名画家所绘。可是，由于时代变迁，隋唐乃至宋元的寺院大多不存，历史上那些有名画家的作品也无法被人们所领略。所幸还有敦煌石窟这样的文化遗迹，保存了古代的大量绘制精美的壁画，我们从中可以推测历史上那些著名画家的绘画风格和特点，所以敦煌壁画的经变画具有十分重要的历史价值。

涅槃经变

涅槃经变主要是根据《大般涅槃经》绘制的，在北周壁画中就已出现了作为佛传故事中一个场景的涅槃图，到隋唐时期则形成了规模宏大的涅槃经变。

初唐第332窟的涅槃经变是较典型的绘塑结合的大型涅槃经变，本窟建于武则天时代的圣历元年（698），是一个中心柱窟，在中心柱背后的洞窟西壁开一龛，内塑涅槃佛像，佛像身长5.6米，龛内原有佛弟子塑像，现已不存。南壁在高3.7米、长达6米的壁面上配合涅槃像绘制了内容丰富的经变。

画面从右下部开始，向左发展，然后由左向右，共描绘了9组情节：

1. 释迦牟尼临终说法。释迦牟尼结跏趺坐，手作转法轮印，为弟子们宣讲涅槃理论，周围众菩萨、弟子及天龙八部聆听佛的最后一次说法。在画面的上部还画了一座大山，山下有一比丘与一个婆罗门对话，表现佛弟子迦叶从耆阇崛山赶来，途中向婆罗门询问释迦牟尼的病情。

2. 释迦牟尼躺在娑罗双树林中的七宝床上，众弟子焦急地围在释迦牟尼周围，询问佛是否涅槃。

3. 释迦牟尼于夜半时分入般涅槃，佛弟子们痛不欲生，哽咽流泪。拘尸那城的男女老少都来到佛所在的地方，悲痛流泪。佛弟子密迹金刚闷绝于地，须跋陀罗先佛入灭。

4. 拘尸那城的人们按转轮圣王的规格入殓释迦牟尼圣体，做成了用七宝镶嵌的金棺，众菩萨、弟子等围绕金棺礼拜举哀。

5. 佛母摩耶夫人听说释迦牟尼涅槃，匆匆自天而降，十分悲伤，释迦牟尼听到了母亲的说话声，便自金棺中坐起，为母亲讲涅槃的意义。

6. 诸比丘抬着金棺出殡，前有八菩萨持幡引路，众菩萨、弟子及天龙八部等送葬。

7. 佛棺焚化，众菩萨、弟子及佛母在旁哀悼。在画面的右下方还画出三个比丘手舞足蹈，这是表现一些不守戒律的

争舍利之战　莫高窟第332窟南壁　初唐

比丘幸灾乐祸，以为佛涅槃后再不会有人来管教他们了。

8. 八国王为争舍利而战斗。佛经上说，佛于拘尸那国涅槃后，以摩竭国国王阿阇世为首的八个国王带兵前来，求分舍利，遭到拒绝，于是各自兴兵作战。画面右侧画出八人各骑战马，手执长矛奋勇冲杀，生动地表现出一幅古代战争图。

9. 经一位婆罗门调停，八王平息了战争，均分舍利，各自造塔供养。

按一定的顺序描绘故事的手法，继承了早期故事画的方法，但由于全画在一个完整的山水背景中展开，使经变画构图统一。人物、场景也不是画在固定的画幅中，而是根据具体场面安排大小，使全局统一，表现出宏大的空间关系。

建于大历十一年的第148窟是完全以涅槃经变为主题的洞窟，洞窟主室形制为横长方形，这样的洞窟形制也称作涅槃窟。本窟正面有一高1.4米的佛床，在佛床上面塑出长达14.4米的释迦牟尼涅槃像，塑像经后代重修，已失去盛唐风韵。佛像后面还有清代塑的七十三身佛弟子像。后壁和两侧壁画出了规模更为巨大的涅槃经变，壁面高约2.5米，总长达23米。单从面积来说，这铺涅槃经变可能是现存最大的涅槃经变，主要描绘了10组画面包括66个情节，出场人物达500多人。由南壁向西壁然后向北壁，按顺序画出释迦牟尼涅槃以后的诸多情节内容，主要的情节与第332窟一致，又增添了不少细节内容，以及更为细腻的刻画。如第二组画面表现“纯陀供养”，讲的是佛接受了纯陀等人的供养，食后因为背痛而入般涅槃，这一情节是第332窟没有的。八王争舍利的情节并没有表现八王战争，而是表现七王来求分舍利，被拒绝悲愤而还的情景。画面中拘尸那城城门紧闭、戒备森严，七王在城外想要舍利，城中停放着释迦金棺，帝释天从中取出佛牙舍利回天上供养……

本窟的山水画也体现出空前绝后的水平，特别是在西壁、北壁的涅槃经变和天请问经变中，画师成功地画出气势壮阔

金棺焚化　莫高窟148窟西壁　盛唐

分舍利　莫高窟第148窟西壁　盛唐

的山水，空间表现又与人物故事情节完美地结合起来，实在是佛教壁画中不可多得的山水佳作。西壁的南侧，表现释迦牟尼在双树林入般涅槃的时候，画面在空旷的原野中展开，远处有山崖耸立，中部引人注目的是雄伟的城楼，以表现拘尸那城。这样高大的城楼与西安附近出土的懿德太子李重润墓壁画中的建筑很相似，虽然敦煌148窟比李重润墓壁画要晚70年左右，但那种雄强的盛唐风格是一脉相承的。由这一组建筑，形成了画面的一个高潮，城门外是一片开阔的原野，远景的山峦绵延相接，一直连到城楼后面，近景的缓坡也在这里交接，景物的远近空间关系表现得十分真切。在北壁的"分舍利"场面，可以说是这铺经变画的高潮，众多的人物围绕在堆放舍利的台前。背景的上部，山势表现得十分雄奇，在辽阔的原野后面，危崖耸立，其中还画出一片白云把半山腰遮住。画面上部，与青绿重彩的山峦相对的是橙黄色的彩云，仿佛是夕照中的晚霞，具有一种动人心魄的力量。从这铺涅槃经变，我们可以看出唐代壁画在表现故事时，不仅仅停留在把故事内容图解出来，而且更注意到壁画作为美术作品的视觉感受，充分调动山水画的技法，体现出雄奇壮阔的意境，达到了画面美的顶点。特别是山水树木的描绘反映了唐代青绿山水画的成果，成为美术史上重要的作品。

中唐的第158窟与148窟一样，也是一个涅槃窟，佛床上塑出长达15.6米的涅槃佛像，洞窟南面塑出过去世迦叶佛、北壁塑出未来世弥勒佛，合起来组成过去、现在、未来“三世佛”。在佛像身后有众多的菩萨和弟子形象，这里的涅槃经变没有详细描绘各种故事情节，而是重点

各国王子举哀图　莫高窟第158窟北壁　中唐

突出地在南壁画出众弟子举哀图，在北壁画出各国国王、王子的举哀图。南壁画面中迦叶满眼泪痕、张口大哭，双手高举、身体前倾，身旁两弟子担心他倒地而将他拦住；阿难则一手遮耳，痛哭失声，其他几个弟子也都悲痛欲绝。北侧壁画中表现出各国国王和王子的悲伤表情，有的握剑剖腹，有的刺胸，有的割耳。这正反映了古代西域各民族表现悲痛时的不同方式，这些生动的场面给人留下了深刻的印象。

《涅槃经》是大乘佛教十分流行的经典，佛教认为涅槃是一种崇高的境界，因此，从印度、中亚到中国的佛教艺术中，出现了很多表现《涅槃经》的雕刻和壁画。莫高窟共有14个洞窟画有涅槃经变，很多都是绘塑结合的，塑出涅槃像又在相应的位置画出经变。像第332窟、148窟这样大型的涅槃经变在世界佛教艺术中也是十分罕见的。

维摩诘经变

维摩诘经变，是根据《佛说维摩诘经》绘制的。佛经上说，维摩诘是个神通广大、能言善辩的居士，他不出家，却精通佛理。他经常称病在家，人们去探望他时，他就向人们宣讲他的大乘佛理。经变画通常以佛派弟子去探望维摩诘这一事件为中心来展开。由于维摩诘善于辩论，佛的十大弟子都不敢前往，佛就让“智慧第一”的文殊菩萨率众到维摩诘的住所，于是产生了一系列戏剧性情节。先是佛弟子舍利弗暗自思忖：如此多的人，哪儿有这么多的坐具？维摩诘心知舍利弗所想，即运用神通，须弥灯王便遣来了三万二千狮子宝座，进入方丈而不觉拥挤，这就是令人瞠目不解的“室包乾象”。维摩诘请众菩萨、弟子升座，道行较高的菩萨都能入座，舍利弗惭愧地说：“此座太高，我不能升。”维摩诘道：“你只要给须弥灯王行个礼，即可升座。”众弟子不得已，只好给须弥灯王合十行礼，才升上座。时至日中，佛弟子暗想：大家都饿了，到哪儿去吃饭？维摩诘即知佛弟子的意念，便分身化为菩萨，飞往香积国，托来一钵香饭。又有佛弟子心中嘀咕：这小小一钵饭能够谁吃？菩萨转过头，倾饭于地，顿时，香饭如山，饭香四溢，众人饱食，皆大欢喜。舍利弗问维摩诘：“你从何处死后来到这里？”维摩诘反问道：“你学的佛法有生死吗？”这时，佛告诉弟子：“维摩诘来自妙喜国无动如来世界。”原来维摩诘舍弃清净国土，来到不净的世界，是为众生消除烦恼。于是大家都想见一见妙喜世界的样子，维摩诘一伸手，掌中现出妙喜国，其中有铁围山、须弥山等，山上有天宫，里面有不动如来和菩萨，下面有溪谷、河流、大海、日月星辰、城邑村落和人们生活的情景等等，佛弟子惊叹不已。

由于维摩诘以智慧善辩著称，又可以不剃度出家而自由地在家修行，深受中国士大夫们的喜爱。魏晋以来，《维摩诘经》在中国十分流行，石窟中也大量出现雕刻或壁画形式的维摩诘经变。中国现存最早的石窟炳灵寺石窟第169窟壁画中就画出了维摩诘与文殊菩萨的画面，北魏的云冈石窟、麦积山石窟等都有维摩诘经变的雕刻或壁画，莫高窟共有68个洞窟表现了维摩诘经变，最早出现于隋代洞窟，唐代以后就十分流行了。隋代洞窟通常是在佛龛两侧分别绘出维摩诘和文殊菩萨，如第276窟佛龛北侧画出手持麈尾、作辩论状的维摩诘形象，南侧画出文殊菩萨形象。唐代以后维摩诘经变的规模更大，内容更为丰富，维摩诘与文殊菩萨周围往往描绘出众多的菩萨、弟子及世俗人物，还表现出各种相关的

维摩诘经变　莫高窟第220窟东壁　初唐

情节，往往利用整壁的壁面来描绘维摩诘经变，如初唐第332窟、335窟分别在北壁画出通壁巨制的维摩诘经变。还有不少洞窟把维摩诘经变画在门两侧，如第220窟东壁门两侧分别画出维摩诘与文殊菩萨，南侧是维摩诘坐在帐中，手持麈尾，双目炯炯有神，神情激昂，沉浸在论辩的气氛中，香积菩萨托钵跪在前面，下面是各国王子听法的场面，上部则画出妙喜世界；门北侧是文殊菩萨和弟子、菩萨以及帝王、大臣听法。画中最有意义的是中国的帝王、大臣与少数民族国王的形象，皇帝戴冕旒，着衮服，两手伸开，仪态雍容，大臣们前呼后拥，显出至尊气派。这一形象与唐朝画家阎立本所画的《历代帝王图》很相似，但在整体气势上则远远超过了阎画。各国王子的形象包括南海、昆仑、大食及西域各国的人物，相貌、服饰各不相同，大体上反映了唐朝与周围各族、各国的交往情况。

帝王图　莫高窟第220窟东壁北侧　初唐

在盛唐第103窟同样是把维摩诘经变画在东壁门两侧，南侧的维摩诘凭几而坐，身体略向前倾，手持麈尾，目光直视对手。画家以劲健的线描造型，微施淡彩，勾勒出一个气宇轩昂、雄辩滔滔的清谈家风采。维摩诘下部画出穿着不同服饰的各族王子形象。北侧的文殊菩萨端坐于高座上，表情恬静，一手执如意，一手向前打着手势，表现出从容论辩的

维摩诘像　莫高窟第103窟东壁南侧　盛唐

吐蕃赞普供养图　莫高窟第159窟东壁　中唐

样子，文殊菩萨身后的佛弟子们相互之间悄声说话，下部则画出中原式帝王及大臣们听法的情景。

中唐时期，由于吐蕃占领了敦煌，这时的维摩诘经变中描绘的各族王子，一般都以吐蕃赞普的形象为首，形成了这一时期维摩诘经变的一大特点。如第159窟东壁门的南北两侧分别绘制以维摩诘和文殊菩萨为中心的众多人物，在南壁维摩诘的下部，画出吐蕃赞普头戴红毡高帽，穿着虎皮翻领袍，腰系革带，佩长剑，右手持香炉立于一个方台上，身后还有侍从替他打着曲柄华盖。前面有一人持香炉，二人作前导，后面跟随着吐蕃大臣和其他民族的人物，这样的排场不亚于中原帝王，正好与北侧文殊菩萨下面的中原帝王形成分庭抗礼的形式。另外，159窟的维摩诘经变中，上部描绘维摩诘与文殊菩萨对谈的大场面，在下部则以屏风画的形式画出一些有趣的情节，如东壁南侧维摩诘的下部，画出阿难乞乳的场面。佛经上说释迦牟尼病卧在床时，佛弟子阿难持钵外出，为佛乞乳，遇上了维摩诘，维摩诘告诉阿难说：“要是外道知道了，恐怕会耻笑释迦牟尼连自己的病都不能治，又怎能普度众生呢，你还是赶快回去吧。”这一场面在壁画上则表现为阿难托钵在一旁等待，一妇人正在母牛身下挤奶，旁边一头小牛正要向母牛而去，一个小男孩拼命拉住小牛，母牛回头看着小牛，生动地表现出舐犊之情。在东壁北侧的文殊菩萨的下部，还画出了维摩诘到人们赌博的地方劝化众人的故事，画面中四个人围在一起赌博，维摩诘站在左侧观看，中间一人身穿蓝色衣服，双手叉腰，满脸凶相，右侧一人正举手掷骰，神情战战兢兢，唯恐输了的样子，生动地再现出古代市井赌徒的面貌和心态。

弥勒经变

弥勒信仰在佛教传入中国的初期就已流行，南北朝时期，不仅石窟和寺院，许多单独的造像碑也多刻弥勒菩萨的形象，但作为内容丰富的弥勒经变则是在隋代以后才流行起来的。有关弥勒的佛经有很多种，主要流行的有《佛说观弥勒菩萨上生兜率天经》和《佛说下生成佛经》。隋代的弥勒经变多描绘弥勒在兜率天宫说法的情景，这是表现《弥勒上生经》的内容。唐代以后，往往把《弥勒上生经》与《弥勒下生经》合起来，重点描绘弥勒下生经的内容。《弥勒上生经》主要讲弥勒降生于波罗奈国的婆罗门家，12年后入灭，上生到兜率天，成为一生补处菩萨，在净土院为诸天说法。《弥勒下生经》主要讲弥勒菩萨从兜率天宫下世，以修梵摩为父、梵摩耶为母，成道后教化众生，举行过三次规模宏大的讲法活动，化度数万人，称作“弥勒三会”。释迦牟尼涅槃之前，曾将自己的袈裟交给大弟子迦叶，并嘱咐道：“未来当有弥勒佛降世，他将接替我教化众生，你可把这袈裟转呈给弥勒佛。”弥勒成佛后，引众人到迦叶禅定之处，唤醒了深入禅定的迦叶，于是迦叶把释迦牟尼的袈裟送给弥勒佛。所以，弥勒成为继承释迦牟尼的未来佛。在弥勒世界，人们路不拾遗、夜不闭户，每天夜里有龙王洒水，罗刹扫地。还出现“一种七收”“树上生衣”等奇迹，人们用力甚少，收获甚多。人寿八万四千岁，妇女五百岁才出嫁。老人自知寿尽，便进入墓室平静地死去，没有痛苦。

唐代以后的壁画中，画家们更热衷于描绘《弥勒下生经》中的种种景象，因为这些内容与现实生活更为贴近，使弥勒世界更具体可感。敦煌壁画中的弥勒经变共98铺，仅唐代就有65铺，说明弥勒经变深受人们喜爱。初唐第329窟南壁的弥勒经变，上部约1/3的画面为上生经变。经文说：兜率天

弥勒经变　莫高窟第329窟南壁　初唐

宫有五百亿天子，为供养弥勒菩萨，建造了华丽的宫殿，又脱自身摩尼宝冠化成供具，并从宝冠中变现出宝宫、宝树、龙王等异相。壁画中弥勒菩萨头戴宝冠，作善跏坐，两侧立有法音轮、大妙相两大菩萨，身后是五百亿天子所造的宫殿。弥勒前面还有众菩萨及天子、神王等。下半部约2/3的画面是下生经变，主要描绘弥勒降世成为未来佛、广度众生以及弥勒世界的美妙景象。画中绿水荡漾，莲花盛开，亭台楼阁矗立其间。台上弥勒佛在中央说法，诸天圣众在周围听法。下部平台上，儴佉王正剃度出家。图中下部中央置一几案，上陈七宝，两侧画出男男女女正在剃度，后面有乐队奏乐。整幅经变画有三座平台，中间有流水分隔，又有小桥通连，构图层次分明，色彩亮丽、单纯。

盛唐以后的弥勒经变内容更为丰富，并形成了与其他经变画不同的格局。如第445窟北壁的弥勒经变，中央上部画出弥勒所居的须弥山和兜率天宫，山前是弥勒佛说法及众天人围绕的情景，在画面的两侧及下部穿插表现弥勒世界的各种景象，中央下部以较大的画面描绘儴佉王及眷属们剃度出家的情景，真实地表现出男女老少剃度时的不同表情。在剃度场面左侧下部，还画出了婚礼图。这是为了表现经中所说“女人五百岁出嫁”的内容而画的：在一个大院的外面，有一个大大的帐篷，新郎新娘和众多的宾客们正在里面欢宴，

婚礼图　莫高窟第445窟北壁　盛唐

有一人正在跳舞。这一场面正反映了唐代婚俗中新婚之日，于户外搭“青庐”的习惯。在画面的右上部还画出了农夫辛勤耕作和收获的场面，这是表现经中所说“一种七收”的内容。

盛唐第33窟南壁的弥勒经变，在构图上更集中，中央部分描绘弥勒说法的场面，上部表现上宽下窄的须弥山，山上各种宫殿楼阁，山下则是大海。周围则描绘各种世俗生活的场面，把天上的世界与人间的世界明确地区别开来。中央下部描绘儴佉王及眷属们剃发出家的情景，在画面左上部描绘了在一个大帐子中举行婚礼的情景。新郎新娘向坐在右侧的双亲礼拜，新郎伏身跪地而拜，而旁边的新娘则欠身行礼。这也是唐代的风俗，即结婚典礼中，向双亲拜时，男跪女不跪。画面右上部画的是农民耕作的情形，下侧一农夫赶着两头牛犁地，上侧画两个农夫正在收割庄稼。在耕获图的下部画一座城，城上部一条龙翻卷着乌云，正在下雨，城外一罗刹鬼在扫地，表现的正是弥勒所在的翅头末城的情景。

由于弥勒经变的很多场面与现实生活十分贴近，深受人们喜爱，盛唐以后的弥勒经变中，如剃度图、婚嫁图、耕作图等场面成了弥勒经变中必不可少的内容。而且随着时代的变化，往往有着相应的变化，如中唐时期，吐蕃族统治了敦煌一带，于是在榆林窟第25窟的弥勒经变中，婚嫁图中描绘

耕种收获图　榆林窟第25窟北壁　中唐

了藏族妇女与汉族男子结婚的场面，反映了古代敦煌地区多民族共同生活的历史。此窟中表现耕种与收获的场面也十分写实，下部为二牛抬扛，一人扶犁耕作，一农妇跟随在后，手里端着一器物，似乎在撒种，画面左侧，一农民正在持镰刀收割。画面上部，农夫与农妇正在扬场。把农业生产从播种到收获的全过程在一个画面中表现出来，这些都成了记录古代社会生活的典型画面。

西方净土变

阿弥陀佛的信仰是大乘佛教中最流行的信仰之一。小乘佛教认为，一个人即使累世修行，有了善根，最快也要经过三次轮回转世才能成佛。而大乘佛教则认为，人人皆可成佛，而且还有一个最简便的修行办法，就是念佛，只要念阿弥陀佛，就可以进入西方净土世界，于是大乘佛教信仰迅速地在中国南北大地流行起来。阿弥陀佛也译作无量寿佛，崇奉阿弥陀佛的经典主要包括《阿弥陀经》《无量寿经》《观无量寿经》，也称净土三经，净土宗就是以这三经为宗旨的宗派。

根据《阿弥陀经》《无量寿经》和《观无量寿经》绘制的经变，主要描绘阿弥陀佛所在的西方净土世界，所以都可以称作西方净土变。但在壁画中，这三种经变也有很多细微的区别。根据佛经，西方净土世界也就是极乐世界，在这个世界中，没有痛苦，只有快乐，人们丰衣足食，所需物品，皆得满足，也没有劳作之苦。阿弥陀佛与观世音菩萨、大势至菩萨生活在这里，有天人作音乐舞蹈，一片歌舞升平气象。通常的人是由胎生的，而进入西方净土世界则要从莲花中生出来，称作化生，化生表明进入净土世界，到了生生不灭的境地。

唐代以后净土信仰流行全国。贞观十五年（641），净土宗大师善导就在长安绘制了300幅阿弥陀经变，后来武则天以此为蓝本，制作了400幅阿弥陀净土的大绣帐。在这种风气的影响下，莫高窟也绘出了大量的西方净土变，经专家研究，敦煌壁画中能确认的阿弥陀经变有38铺，无量寿经变38铺，观无量寿经变84铺。其他又有60多铺简略的净土变，但还不能确认是哪种净土变。

敦煌北朝壁画中就已绘制了无量寿佛说法图，但作为经变的形式则是唐代以后才流行起来。几种净土变都主要通过巍峨的宫殿建筑来表现净土世界，无量寿经变与阿弥陀经变的区别在于无量寿经变强调“三辈往生”，即根据生前修行所积累的功德高低程度，在进入西方净

土世界时，就分为上辈、中辈和下辈的不同等级，这样的情况，在壁画中是通过莲花化生的形象来表现的。

初唐第220窟南壁的无量寿经变，中间画碧绿的水池，这是表现佛经所说的七宝池、八功德水。在水池中有朵朵莲花，

无量寿经变　莫高窟第220窟南壁　初唐

莲花上面坐着的儿童就是化生，还有一些透明的莲蕾，可以看到也有儿童在其中，说明这些化生要进入净土世界还需一段时间。水池中央无量寿佛坐在水中的莲花座上说法，两侧是观世音、大势至菩萨，周围有众多的听法菩萨。上面有不鼓自鸣的天乐，下面的平台上有两身舞伎在小圆毯上翩然起舞，其两侧还各有一个乐队。画面以佛为中心，人物众多，但神形各异，有主有从，繁而不乱。用色以青绿为基调，配色不多却华丽灿烂。画家对人物的动态和衣服的质感表现得非常细腻真切。

阿弥陀经变一般没有化生，但很注重表现华丽的宫殿楼阁，如第329窟南壁的阿弥陀经变，描绘出绿色的宝池上建有7座华丽的平台，台上楼阁高耸，平台的地面铺满了有花纹的地砖，并有金银装饰，这是表现阿弥陀世界里七宝铺地的景象。阿弥陀佛居中央，结跏趺坐，双手作说法印，神态庄严慈祥。观世音、大势至二菩萨分立两侧，其他听法菩萨或坐或立，有的合掌捧花，有的低头思考。她们头梳云环髻，戴宝冠，斜披天衣，腰束锦裙，璎珞环饰，姿态婀娜。画面的上端，流云飘动，飞天穿行，天乐不鼓自鸣。图下端中部画一组舞乐，舞蹈者面向佛陀，身体呈S形弯曲，左手平伸，右手上举，舞姿奔放有力。左右各有三身伎乐，分别演奏着琵琶、箜篌、竖笛。她们的手随着音乐的旋律边舞边奏，动感强烈。宝池中还有人头鸟身的迦陵频伽，仿佛也正随着优美的乐曲载歌载舞。图下部的两侧各绘有一组供养菩萨，其中西侧的四身菩萨动态极为优美：左起第一身菩萨正侧身款款而行，手捧香炉，神态虔诚；第二身菩萨一手持花于胸前，正举步欲行；第三身上半身微侧，似在招呼身后的一位，体态优美，颇有动感；最后一身面向观众，头微侧向身后的佛，好像仍沉浸在佛的教诲中。这组菩萨颜色已变，形象也有些模糊了，不过若仔细观察，仍能感受到唐代人物画的神韵和风采。

净土经变中最有特色的还有净水池，在池中描绘莲花化生。据佛经记述，要进入西方净土世界，须从莲花中化生而出，所以化生就是进入净土世界的象征。唐代的净土变中，对净水池的描绘成为一个重要的内容。文献记载长安的赵景公寺有“范长寿画西方净土变及十六对事，宝池尤妙绝，谛视之，觉水入浮壁”，范长寿画的宝池使人感到好像水在流动一样，可见画家技艺之精。

净土变中通常在净水池上绘出台榭和宫殿楼阁，水上的台榭又画出舞乐的场面，表现出歌舞升平的气象。于是为了表现天国的美好景象，歌舞的场面也就越来越大。有时甚至占据了画面的三分之一。

唐代以后，观无量寿经变迅速地流行起来，它与无量寿经

乐舞图　榆林窟第25窟南壁　中唐

变和阿弥陀经变的区别在于：除了在中央部分画出与前二者类似的净土世界以外，往往在画面的两侧以条幅的形式画出《观无量寿经》的《序品》和《十六观想》的内容。《序品》即前一章所讲的“未生怨故事”，“十六观”就是佛所讲述的达到佛教境界的十六种修行办法。这“十六观”包括：日想观、水想观、真身观、观音菩萨观、宝楼观、华座观、普想观、杂想观、上辈生想观、中辈生想观、下辈生想观的修行方法。对这“十六观”的解释也是《观无量寿经》的主要内容，其中发展了三辈往生的思想，从而形成了“九品往生”的思想，即进入西方净土世界有九种不同的级别，分别为上品上生、上品中生、上品下生、中品上生、中品中生、中品下生、下品上生、下品中生、下品下生。观无量寿经讲解了比阿弥陀经和无量寿经更为细致而具体的修行途径，在唐代以后更为流行。

第172窟是莫高窟盛唐时期的代表窟之一，南北两壁的观无量寿经变是此窟的主要内容。由于画家的高超技艺，相同的内容在同一洞窟出现不仅不显得重复，而且令人感到丰富多彩、目不暇接。这两铺观无量寿经变都采用三联式构图，即中间大部空间表现西方极乐世界，两边以条幅的形式分别画出“未生怨”和“十六观”的故事。北壁的经变画以佛为中心，听法菩萨似众星捧月，围绕成弧形。这些菩萨个个体态优美，面含笑意，有的身体前倾，双手捧香炉供养；有的合掌低头，静思默想；有的抚掌微笑，若有所悟；有的仰首注视，全神贯注；有的正襟危坐，充满敬意；有的抱膝冥想，若探求佛理。这些不同的动作构成了变化而和谐的整体旋律，

观无量寿经变　莫高窟第172窟北壁　盛唐

使这幅经变画宏大而不单调，丰富而不繁乱。在经变的下部还描绘了乐舞场面，乐舞是为了娱佛的，所以也被称作供养乐伎。北壁经变中有两组乐伎共16人演奏乐器，中间舞伎二人正挥袖起舞，那急速、有力的舞姿使我们感觉到一种强烈而欢快的音乐节奏。南壁与此有所不同，虽然左右两侧也分别有8人的乐队在演奏，但中间两个舞人，却是一人挎腰鼓，一人反弹琵琶。从乐队的乐器来看，打击乐器和吹奏乐器居多，连舞伎也拍打腰鼓而舞，其节奏感应该是很强的，旋律也一定是雄壮铿锵的。反弹琵琶舞在唐朝壁画中经常出现，大约是当时流行的精彩舞蹈绝技，而今它也已成为人们追寻唐代舞蹈风采的最耀眼的标识了。这两组乐舞图，向我们展示了1000多年前唐代音乐舞蹈的辉煌壮观的场景。

第172窟观无量寿经变中山水画也具有较高的水准，在重重楼阁的两侧画出山水景物，却不是画成高山的样式，而是画出一望无际的原野，其中有河流曲折地流下，画面上部留出部分空白。在象征着净土世界的建筑物后面，表现出了真实的空间透视，体现出画家驾驭山水画的熟练程度。在净土世界的两侧还以条幅的形式画出了“未生怨”和“十六观”的内容，在这种条幅的上部往往画出山水场景，具有相对的独立性。如位于画面上部的“日想观”（“十六观”之一）是通过对落日的观想，进而使意念进入到佛国净土世界，壁画

日想观　莫高窟第172窟北壁　盛唐

中则通过描绘自然的山水景物来表现这样的观想场面。第172窟北壁的“日想观”中，右侧画出高耸的山崖，韦提希夫人坐在山下，左侧一条河流环绕，上部画出淡蓝色的远山及彩云。青绿色画出远景中的原野，与近景中赭红色的山崖形成强烈的对比，华丽而不流俗，充分显示出唐代山水画极高的成就。同一内容，在本窟南壁也有成功的表现，而且盛唐第66窟、320窟的同一内容，也都表现出完整的山水场景。

第172窟这种以中央净土图为主，两侧又辅以条幅的形式，在盛唐以后便成为观无量寿经变的主要形式。如第320窟、103窟、148窟等洞窟都有着同样的表现。第171窟也是以观无量寿经变为主题的洞窟，在南、北、东三壁都画出了通壁的观无量寿经变，同样是三连式的构成，但“未生怨”故事的表现较为特别，采用格子形式，每个格子画一个情节，连续起来表现一个完整的故事。如北壁的观无量寿经变的东侧表现“未生怨”的故事共画出了横4格纵8格的格子，由上而下详尽地表现故事的具体情节，是唐代连环故事画代表之一，在中国绘画史上有着独特的地位。

药师经变

药师经变也称东方药师净土变，同属于净土经变，是根据《药师如来本愿经》等经典绘成，也是敦煌壁画中十分常见的经变画。佛教认为药师佛能治病救人，凡“无救、无归、无医、无药、无亲、无家”之人，只要供养药师佛，就可以得救。药师佛就成了深受苦难的人民心目中的救星，于是药师崇拜也就盛行起来。《药师经》还渲染了人世间的很多种意想不到的灾难，称作“九横死”。横死指死于非命，如生病求医，得到并不对症的药而误死；受冤枉被王法处死；酒色无度而死；火灾而死；水灾而死；被猛兽咬死；坠落山崖而死；因毒药等致死；饥饿而死等等。在壁画中还绘出了药师佛曾发下的“十二大愿”，主要内容就是药师佛未成佛之前发愿，如果成佛将拯救人民于水火之中等。

在敦煌石窟中现存有97铺药师经变。唐代洞窟中往往把西方净土变与药师经变相对画出，如初唐第220窟南壁画无量寿经变，北壁就画药师经变。这样，西方阿弥陀佛（即无量寿佛）、东方药师佛就与正龛塑释迦牟尼佛组成了“横三世佛”。

大多数药师经变的构图与观无量寿经变一致，中央画净土世界，两侧以条幅的形式画出“九横死”“十二大愿”的内容。如盛唐第148窟东壁门北侧，巨幅药师经变的中央表现东方药师净土世界，与西方净土变一样，通过华丽无比的楼阁来象征庄严的净土世界。与这些高楼相接的是建于净水池中的平台，在这些平台上，都有歌舞作乐的伎乐天，她们弹奏着各种乐器，虽然表现的是天乐，但却展示了宏大的唐代音乐文化。这铺经变的乐舞人数达33人，中央二人对舞，两侧各有两组乐队，演奏着箜篌、琵琶、横笛、拍板等乐器。

药师经变　莫高窟第148窟东壁　盛唐

这样庞大的乐队，可以称得上是最早的交响乐队了。从图中乐队的规模及乐器配置等方面，可以看出唐代中国音乐的发达状况。而净土世界中复杂的殿宇、楼阁则展示了唐代建筑的完美结构，中央大殿前面是大平台，这一平台前面延伸出来，通过一座小桥又与画面最前部的一组平台相连。这一组平台为三联式，中央为凹字形平台，两侧各有一方形平台，平台之间各有虹桥相连。中央大殿的后面有长廊，通向两旁的侧殿，而长廊后面可见两层殿宇，其两侧也各有两层楼阁，在左右两个角上建有圆形亭。这些复杂的建筑令人想起唐代宫殿建筑的雄伟气象，反映了中国古代建筑艺术的辉煌成就。

中晚唐以后，药师经变在敦煌更为流行，在社会动荡不安的时代，人们希望得到药师的保佑，避免那些意想不到的灾难。晚唐五代以后，药师经变的构图形式有一点改变，就是把画于两侧的“九横死”“十二大愿”的内容画在下部的屏风式画面中，而中心的东方净土世界图则没有大的变化。

法华经变

《法华经》是《妙法莲华经》的简称，是佛教传入中国后最流行的经典之一，南北朝时期有多种译本，其中以鸠摩罗什翻译的《妙法莲华经》最受欢迎，敦煌壁画中也大多依据《妙法莲华经》绘制经变。《法华经》强调大乘是佛教的唯一法门，强调众生通过自己的觉悟而获得佛性，并指出了许多方便法门，任何人只要护持、诵读、书写《法华经》就有可能成佛。《法华经》中还塑造了一个大慈大悲、救苦救难的观世音菩萨的形象，人们在危难之时，只要口念观音菩萨名号，即可得救。于是，长时期以来，观音菩萨在中国深入人心，可以说是家喻户晓，《法华经》也因此而得到最广泛的传播。

敦煌北魏石窟中就已出现了《法华经》的内容。如第259窟中龛内就塑出释迦多宝二佛并坐的形象，同样的形象，在西魏第285窟北壁、北周428窟西壁也以壁画的形式表现出来。经典中说：佛在为弟子们宣讲《法华经》之时，突然从地上冒出一座宝塔，弟子们十分不解。佛告诉大家："在若干年前，有一位叫多宝的佛曾预言，我灭度以后，于十方国土中有说《法华经》处，我将涌现其前作证明，此塔当是多宝塔。”佛正说着，宝塔便开了，里面的多宝佛让出一坐，请释迦牟尼入内，于是二佛并坐为大众说法。

隋代以后，壁画中描绘了很多《法华经》中的内容，如第420窟的顶部描绘出了《法华经》的《序品》《方便品》《见宝塔品》《化城喻品》和《观世音菩萨普门品》等内容，这是法华经变的早期形式。隋代第303窟顶部还单独描绘了《观世音菩萨普门品》的内容。到了唐代，法华经变的艺术形式才臻于完善。

法华经 · 观世音菩萨普门品　莫高窟第303窟人字披　隋

在《法华经》流行的盛唐时代，还出现了全窟绘制法华经变的第23窟，有人把这个洞窟称作法华窟。本窟西壁开龛，除了顶部北披和西披以外，南、北、东三壁及顶南披和东披

法华经变见宝塔品　莫高窟第23窟顶南披　盛唐

画的都是法华经变的内容。详尽地描绘了法华经的《药草喻品》《方便品》《信解品》《见宝塔品》等13项内容，特别是北壁中央主要绘“灵鹫会”，南壁中央绘“虚空会”，以这样的空间形式来图解《法华经》的义理，表明了洞窟壁画有着完整的设计思想。另外不少细节描绘也十分生动而有趣，如北壁的《药草喻品》，描绘了一幅雨中耕作的图景，画面上部乌云密布，暴雨倾盆，一个农夫正在冒雨辛勤地耕作，另一位农夫挑着东西冒雨疾行。画面下部，表现在地头休息的农家三人，右侧是父子俩正吃饭，给他们送来午饭的农妇坐在左侧和父子俩聊天，多么恬静的一幅田园生活画。

《法华经·观世音菩萨普门品》往往被信徒们单独诵读，简称作“观音经”。隋代的壁画中已出现了观音经变，唐代第23窟和217窟都在表现法华经变时，又以单独的壁面来描绘观音普门品的内容。第45窟南壁则整壁绘制了观音经变，中央画观音菩萨立像，两侧上部画观音菩萨现身说法图，下部画观音救苦救难的情节。人们信仰观音主要是由于观音能在人们受难之时前来救助。经中说若在大海中航行之时，遇到

法华经药草喻品　莫高窟第23窟北壁　盛唐

大风浪，且有各种魔怪缠绕时，人们只要口念观音名号，就可得到解脱。依据这一内容，在壁画的右侧画出大海中有一条大帆船，船周围水中有很多凶猛的怪物向船攻击，船上的人们心惊胆战，有两人跪在船上，大家都双手合十。这一画面虽是图解经文，但也反映了当时海上航行的某些历史场面。在壁画的右侧还描绘了一群商人牵着毛驴，带着很多行李在山中行进，突然从山后出来几个手执武器的强盗，商人们诚惶诚恐，战战兢兢，前面的商人已把行李放在地上。这是表现观音经所说：若有商人遇到强盗，性命财产不保之时，只要口念观音菩萨名号，自然得到解脱。画中强盗的骄横凶狠，商人们害怕求饶的表情描绘得栩栩如生。在胡商遇盗图的上

观音救难　莫高窟第45窟南壁　盛唐

部，还画出一个窈窕美丽的少女，旁边有一男士正拱手向着她说话。这是表现经中所说的“离淫欲”的内容。本来，佛经中说若有人被淫欲困扰，不能解脱，只要口念观音菩萨名号，即得解脱，而壁画上却画出了一位男士向少女求爱的场面。画面的上部表现观音现身说法，有时现天王身，有时现大将军身，有时现女人身等等，根据情况以不同的身相为人们说法。画家以写实的手法，表现了观音的种种现身，再现了唐代不同身份的人物的形象，反映了当时社会的生活风貌。

报恩经变及其他经变画

敦煌壁画中的经变画总计有三十多种，包括了依据大乘佛经及密教经典所绘的经变画。现存的遗迹中，像敦煌壁画这样数量庞大、艺术精湛的经变画是任何地方都无法比拟的，可以说是经变画的宝库。前文叙述的几种是其中最流行的经变，也是在艺术上较有特色的经变画，其他还有很多经变，不仅丰富了佛教艺术的内容，由于经变画表现的领域很广，也从不同的侧面反映了当时的社会生活，为我们提供了生动的历史画面，其意义远远超出了佛教思想的范畴。

报恩经变是依据《大方便佛报恩经》而绘的，这部佛经不是从印度传来的，而是中国的僧人为适应中国的国情而编造的佛经，在佛教界把这样的经典称作“伪经”。它融合了儒、佛两家的思想，宣扬报恩精神，即所谓“上报佛恩、中报君亲恩、下报众生恩”，其中又以中报君亲恩为重点，这样的思想与儒家的忠孝思想完全一致。报恩经中的故事大多从别的佛经中选取符合报恩思想的内容改编而成。由于《报恩经》主要通过很多故事来说理，易为大众所接受，在唐代以后，

《报恩经》十分流行，据经典所绘的报恩经变也自然流行了起来。盛唐以后莫高窟壁画中出现了报恩经变，到晚唐五代盛行起来。

报恩经变中的很多故事，其实在北朝时就已出现了，但同样的故事却是依据别的经典所绘，如“恶友品”就是北朝的善事太子入海故事，“孝养品”即须阇提割肉奉亲的故事。此外还有一些新出现的故事，如“论议品”，讲罗波奈国山上住着一仙人，仙人常于泉边便溺，一雌鹿常于泉边饮水，不久鹿产一女，与人无异，不能养育，便送至仙人处，仙人将女养大，美丽无比。一日国王入山游猎，见鹿女美貌，便娶为夫人。不久怀孕，生下一朵大大的莲花，国王十分失望，贬夫人为普通宫女，将莲花抛入池中。一日国王与群臣在池边游戏，忽见池中莲花发出灿烂的光芒，便派人察看，原来莲花中有五百儿。国王知为鹿母所生，便向鹿母悔过，重新封为第一夫人。五百个儿子长大后，力敌千人，邻国有侵略者，自往讨伐，每战必胜。从此四境安宁，国家昌盛。

“亲近品”讲的是金毛狮子坚誓的故事。波罗奈国仙圣山中有一狮子名叫坚誓，毛呈金色，美丽无比，英姿威武。它经常接近沙门，听僧人们诵讲佛经。有一猎师对金毛狮子早已垂涎三尺，他想射死狮子，把皮毛献给国王，以获重赏，可是又

鹿母夫人的故事　莫高窟第85窟　晚唐

害怕狮子勇猛，难以下手。于是他伪装成一个虔诚的信徒，吸引狮子亲近，最后用毒箭射死了狮子。狮子深受佛教熏陶，中箭未死之时，并不对猎师进行报复。猎师剥了狮子的皮献给国王，当国王得知狮子皮的来历后，十分痛心，即处死猎师，用香火焚化了狮子的遗骸，收取舍利，建塔供养。

在中唐第231窟中详细描绘了鹿母夫人的故事，这个故事成为各时代报恩经变中选绘较多的题材。中唐第112窟的报恩经变中，在经变的上部两侧画出鹿母夫人的故事，左侧画一鹿在池边喝水，后面是幽静的山谷，山洞里有一仙人正在坐禅修行；右侧的画面表现国王领着随从骑马入山的情景。

报恩经变　莫高窟第112窟北壁　中唐

经变的背景是奇崛的山崖，体现出中唐以后水墨山水画的风格。壁画的下部描绘“亲近品”，即金毛狮子坚誓的故事。中央画一比丘正在讲经，很多人围在一起听经，左侧画一猎人向金毛狮子射箭的场面，右侧画猎人向国王献狮皮的情节。

晚唐第85窟的报恩经变画是内容较丰富、描绘较成功的代表作品，中部表现佛说法会，上部右侧画鹿母夫人的故事，左侧画金毛狮子坚誓的故事；下部左侧画“恶友品”，右侧画“孝养品”。这部作品以山水自然景物为背景来展开故事情节，具有画面统一而又真实可感的特点，如表现善事太子入海求珠的过程，包括善事太子眼睛被刺、成为盲人、在树下弹琴自娱、与公主邂逅等场面，描绘得细腻而生动，展示了画工的美术功底。

除了报恩经变外，壁画中还有金光明经变、华严经变、金刚经变、楞伽经变等经变画，由于佛经内容较为抽象，壁画中大多以表现佛说法的场面为主，其中穿插一些图解佛经的情节，也颇有生活气息。如楞伽经变中画出了屠夫卖肉的场面、工人制作陶器的场面等，使我们对古代社会增加了许多感性认识。

经变画的艺术成就

唐代以后，中国绘画在空间处理方面取得了令人瞩目的成果，这就是在平面的画面中，描绘出接近于立体空间的场景。这一点从唐代流行的经变画中体现了出来。当然，这样的空间表现方法还不能算是科学的透视法，但在7至8世纪的时代，能表现出较为真实的空间关系来，在当时也是令人吃惊的事情，因而经变画深受人们的喜爱并在各地流行起来。据《历代名画记》等文献的记载，当时首都长安以及东都洛阳的寺院里，绘制了大量的经变。经变画是隋唐以来中国石窟及寺院壁画的主要绘画形式，是最富有中国特色的佛教艺术形式。

建筑画是经变中的重要组成部分，尤其是在净土图式的经变画中，如果没有建筑恐怕也就没法表现净土世界了。隋代画家展子虔和杨契丹都以建筑画而著名，而当时宫殿建筑实物也给画家们提供了写生的对象。《历代名画记》曾记载当时的画家杨契丹长于画建筑，郑法士想要借他的画本（底稿），“杨引郑至朝堂，指宫阙、衣冠、车马曰：此是吾画本也。

由是郑深叹服”，说明那时的画家是以现实的宫殿建筑为依据来画的。由于这些画家们的努力，使隋唐时代的建筑画达到了极高的水平，特别是唐代以后的建筑画在表现远近的空间关系方面取得了很大的成果。

这些建筑都是中轴对称的形式，中央描绘一座大殿，两侧又有数幢殿堂，建筑物之间以回廊相通，通常在画面下部还要绘出平台。当然这里表现的建筑群也并不是唐代建筑的完整再现，可能仅仅是那时佛寺的大殿及相关的建筑。画家们主要是通过这些建筑来作为佛说法的背景，并象征佛教净土世界。因此，也许并不全是写实的，也会有想象的部分。相对于描绘真实的建筑，画家常常会从绘画构成的角度来表现建筑的形体及其位置。但从隋入唐，建筑画逐渐向三度空间发展则是一个大致的倾向。

画家们还采用山水与建筑相配合，表现空间关系。如有的阿弥陀经变和观无量寿经变中，在建筑物周围描绘一定的山水树木，把建筑物没有完成的一些空间补充了出来。如第172窟北壁的观无量寿经变，在建筑物后面画出一些远景山水，给人以无限辽远之感。这样的方法改变了初唐那种舞台式背景的不足，使画面的空间表现达到完满。中唐以后综合处理山水与建筑的经变较多，通常建筑物作为近景，山水作为远景，把远近空间有机地联系起来。如中唐第231窟北壁的弥勒经变、第112窟南壁的金刚经变、晚唐第85窟南壁的报恩经变等等。

印度、中亚的佛教美术虽然也表现背景，但主要是以人物为主的，尤其是雕刻作品中几乎看不出对空间的表现。敦煌的经变画从隋朝开始出现，唐朝兴盛起来，而且在空间表现方面形成了人物群像、建筑、山水等综合表现的方法。净土图式经变画中建筑艺术达到极盛。盛唐以后，山水画的成分在经变画中不断增加，以山水画为主要背景的经变画也越来越多，建筑画和山水画的成熟使唐代的经变画构成臻于完善。而经变画的意义不止于此，它表现出一个完美、丰富的净土世界，使佛教的理想境界变得十分具体可感，经变表现的是佛国之境，然而，这些建筑、山水则是人间的风景，它反映了中国人对风景审美的需要，而这种审美风气又促使画家进行空间探索，形成了中国画空间处理的一些规律和特色，也形成了有别于印度和西域的中国式佛教绘画艺术。

装饰的艺术

广义地说，石窟艺术本身就是一种装饰艺术，因此所有的彩塑和绘画都体现着艺术家的装饰意图和匠心。敦煌石窟的彩塑、壁画基本上都包含着佛教的意义，有很多是直接根据佛经内容画出来的，但这些题材如何进行组合、排列，如其中的构图、色彩等方面的考虑，就是石窟装饰的思想。自古以来，为了让幽暗的佛教石窟散发出迷人的光彩，画家们在装饰上花费了很多心血，营造出十分诱人的佛国世界。这些艺术上的构思，我们在前面各章对石窟建筑、彩塑以及壁画的各项内容的介绍中大多已经涉及了，本节主要谈一谈洞窟壁画中的图案画。

石窟中最引人注目的就是装饰于洞窟顶部的图案，北朝时期中心柱窟流行，洞窟前部顶为人字披，后部为平顶，于是为了体现出木构建筑的特点，前顶往往在人字披两披各浮塑出一些椽子装饰，在人字披主梁的两头还做出斗拱的形式。在椽子之间通常绘出的是莲花与忍冬纹组成的图案，有时也画出菩萨或佛像与莲花忍冬纹组合成的图案，如第251窟人字披图案，下部表现一个从莲花中诞生出来的化生，旁边有一根弯曲成S形的莲茎向上伸展，连接起上部的三朵莲花，弯曲而长的莲茎与盛开的莲花有一种动感，使画面充满活力。第254窟、263窟的人字披图案大体与前者一致，但下部画出的是站着的菩萨，更显得生动。西魏第288窟的人字披则画出有很多花瓣繁盛的莲花，还把孔雀、鹦鹉等禽鸟也组合到图案中来，使图案更为华丽而丰富。

中心柱后部的平顶通常是以方形连续纹组成，称为平棋。

人字披图案　莫高窟第263窟窟顶　北魏

人字披图案　莫高窟第288窟窟顶　西魏

平棋图案　莫高窟第428窟窟顶　北周

平棋图案一般有数重交错叠涩，层次较为丰富，平棋的中心是一朵大莲花，在四个岔角处画莲花或火焰纹，西魏以后，在平棋四角画飞天的情况较多。

以忍冬纹、莲花纹为主的图案，形成了北朝装饰画的主旋律，但在西魏北周时期，图案中则加入禽鸟、动物的图案，如北周第428窟顶部图案中不仅画出鹦鹉、孔雀，还把虎、鹿、猿等动物形象都画出来，并与周围的忍冬纹、莲花纹、几何纹等有机地组合起来，体现出自由奔放的气质。

隋代第427窟人字披顶部，画家不厌其烦地绘出一道道精致的图案：在深绿的底色上，以缠枝莲茎和忍冬纹，按波浪形延续，构成一个个环形空间，其中画出盛开的莲花以及坐在莲花上的化生童子。这些化生童子显然象征着往生极乐净土的途径，他们坐在莲花上，有的怀抱琵琶，有的吹奏竖笛，一副无忧无虑、愉快欢歌的神态。这条长长的装饰带随着起伏的莲茎，充满了动感的旋律。

卷草图案　莫高窟第427窟窟顶　隋

在殿堂窟中，顶部中心是藻井，这里成为全窟装饰的重点。北朝的洞窟如西魏第249窟、第285窟的藻井大体与平棋图案一致，以莲花纹为主，第285窟在藻井四周增加了两层垂幔纹，并在四角画出长长的流苏，使藻井具有华盖的意义。隋代以后洞窟越来越重视藻井装饰，创造出很多美丽的藻井图案。如第407窟藻井，中心是一朵八瓣莲花，花瓣重叠，显得厚重，花心是一个绿色的圆圈，圆中画出三只奔跑的兔子，这三只兔子共有三只耳朵，可是不论你看哪一只兔

三兔藻井　莫高窟第407窟窟顶　隋

子都有两只耳朵，这就是有名的三兔藻井。画家巧妙地利用图案共用原理，形成了富有意味的三兔图案。在大莲花四周的蓝色底色上又有八身飞天环绕莲花飞行，这些飞天手托鲜花，兴高采烈地行进，长长的飘带伴随着流云，空中充满了鲜花，具有热烈的气氛。飞天旋转飞行与中央奔跑的兔子相呼应，充满了生机勃勃的情调。三兔藻井图案在隋代还有不少，但并不雷同，如第420窟的藻井，中心也绘三兔，藻井向外有三重叠涩，四边形成的岔角里画飞天。

唐代以后，洞窟形制以殿堂窟为主，藻井的装饰也越来越华美。初唐第329窟的藻井，井心用14个卷曲莲瓣和14朵卷云纹环绕莲心绘成一朵大莲花，花心以白色的弧线画成波状旋转形，如莲花正在旋转的色轮上放光，正如《华严经》中说："莲花妙宝为璎珞，处处庄严净无垢，香水澄淳具众色，宝华旋布放光明……"在方井的四角与中心相对应又各画出莲花的一角，莲花的外缘具有石榴纹样，这些巧妙的组合使造型简单的莲花变得无比华丽丰富。中心莲花的周围，在深蓝色的底色中，画出四身衣袂飘飘、手持鲜花的飞天，她们在蓝天中轻飞曼舞，身边浮云流动。井心以外是卷草纹、联珠纹、垂角纹帷幔等。在藻井外缘的帷幔外侧，又画出十二身飞天，在五彩云的衬托下，他们演奏着琵琶、箜篌、腰鼓等乐器，朝着一个方向连续不断地飞去。华丽无比的图案以

莲花飞天藻井　莫高窟第329窟窟顶　初唐

及他们活泼多姿的动态给人以无限遐想。这个藻井生动绚丽，变化丰富，不愧为唐代装饰画的杰作。

唐代装饰图案把莲花、牡丹、石榴等各种花纹的图案组合在一起，在色彩、花纹构成等方面争奇斗艳，美轮美奂。初唐第322窟的藻井，井心由葡萄蔓网纹构成，四边又以团花、棱格、矩形纹等组成边饰，外层画成帐幔的形式。四周又画出十几身飞天各自弹奏着乐器，在蓝天白云中轻快地飞

葡萄石榴藻井　莫高窟第209窟窟顶　初唐

翔，色调明净而绚丽。第209窟的藻井在中央以4个石榴对称排列，8串葡萄交错组织，通过藤蔓联系起来。四周分别为连珠纹、鱼鳞纹、矩形纹等，最外层为垂幔，色彩简淡而典雅。盛唐第320窟的藻井中央为团花纹，这种结构复杂的团花纹，可以看出莲花、牡丹等花瓣的特征，但它又不像某一种花。在中央方井以外，有着层次丰富的边饰，菱形纹、团花纹、鱼鳞纹、垂角纹及流苏的纹饰无不描绘细腻，色彩丰富。全图以大红为主色调，用不同色度的青、绿、黄、白等色描画纹样，显得强烈、厚重而又华贵，体现出唐人的审美气质。

五代以后，除了唐代以来的团花图案以外，中国传统的龙凤图案开始流行起来，画面色调倾向于清淡，以绿色为主，常常辅以描金，表现出华丽的效果，并开始采用沥粉堆金的新手法，表现出类似浅浮雕的效果。西夏以后，更进一步在图案中推广这种手法，特别是藻井中，表现龙凤图案时，大量采用堆金的方法，体现出高贵的气质。

五龙藻井　莫高窟第130窟窟顶　西夏

五代第146窟的藻井，方井以土红为底色，中央以青绿色画出团花，花心上画一条龙，在团花的四面各画一对鹦鹉，四角又饰以半团花。方井周围分别画方胜纹、卷草纹等。色彩别致，风格清新。西夏时代以龙凤形象为主的装饰图案更为盛行，绿色调成了这时的基调。第16窟藻井中心也是以红色为底色，在团花的花心，画出一只凤凰，在花的四周则画出四条龙。龙凤图案都以沥粉堆金的方法画出，有一种浮雕的效果。四周的边饰也以同样的方法画出卷草纹，显得层次丰富，形象华美。第130窟的顶部藻井也是西夏时代所绘，中心是一条团龙，四周画出4条小龙，龙的形象也是以沥粉堆金的方法画出，周围配合团花纹及彩云图案，产生华丽庄严的效果。

敦煌壁画的风格与成就

六朝至唐代的著名画家如顾恺之、曹仲达、吴道子等都曾画过大量的佛像画，像吴道子这样的画家主要作品几乎都在寺院壁画中，说明佛教绘画在当时成了中国绘画的新潮流，在这一股潮流的冲击下，中国的绘画便飞速地发展起来了。

敦煌壁画是保存至今数量最多、时代延续最长、绘制最精美的艺术宝库。从敦煌壁画中，我们可以看出4至14世纪中国佛教壁画发展的大致轨迹，特别是对于考察中国早期人物画、建筑画、山水画的发展具有重要的意义。

敦煌北凉至北魏时代的绘画主要受西域壁画的影响，佛、菩萨较多地体现着印度式或犍陀罗式的形象特征，佛和菩萨多为正面形象，只有药叉、伎乐飞天等次要的神格和世俗人物出现侧面像。北凉第272窟、275窟，北魏第251窟、254等窟的壁画中，人物的比例合度、形体健壮，菩萨的身体多呈S形弯曲，上身半裸，下着长裙，飞天和药叉动作幅度较大，充满力量感。特别是重色晕染的技法，是传自古代龟兹

菩萨　莫高窟第272窟龛内南侧　北凉

艺术的典型技法，现存的克孜尔石窟就保存着大量的这种西域风格壁画。西域风格的画法由于用色厚重，晕染层次丰富，在一千五百年以后的今天，大多变色严重，形成了线条粗犷、“小字脸”等奇特的形状。

东晋、南朝时代，南方贵族阶层崇尚清谈和神仙思想，对那种身体清瘦、飘飘欲仙的人体形象有特别的爱好，这就是所谓秀骨清像、褒衣博带的审美风格，在南方和中原一带出土的画像砖中就发现了这样的仙人和世俗人物形象。在北

菩萨　莫高窟第285窟北壁　西魏

方，由于北魏孝文帝改革，大力倡导学习汉民族文化，南方的文化艺术便大举影响到北方，以龙门石窟为中心的北方佛教艺术中就体现出了南方所欣赏的秀美的风格。敦煌则是在西魏以后，接受了传自中原的造型风格，以第249窟、285窟为代表的壁画中，出现了人体比例修长、身体苗条、眉目清秀、动作飘举如神仙般的形象，在技法上则注重线描，色彩简淡，不重立体感，而追求一种平面的装饰性，这是当时追求的一种形式美，在人物造型上体现了汉代以来中国传统艺术的新发展。

但这种风格没有维持很长时间，到了北周时代，西域特色的造型再次出现在敦煌壁画之中，如第428窟的佛、菩萨像脸形浑圆，比例适中，色彩晕染厚重。与此同时，西魏出现的中原式造型风格并未消失，而是在很长一段时间与西域式造型并存于洞窟中，这是由于在当时的中原绘画中也存在着多种风格。

在南北朝时期，传自西域的画法在中国内地也同样被一些画家所吸收和采用，如北齐画家曹仲达的绘画具有衣纹稠迭如出水之状。因而被称为“曹衣出水”，这样的手法其实是来自印度笈多时代佛像造型的风格。在南北朝佛教美术大兴的时代，印度式的佛像画法传入中国并不罕见。南朝的张僧繇曾采用西域传来的“凹凸法”在南京一乘寺绘制壁画，“远望如凹凸，就视乃平”，当时传为佳话，人们就把一乘寺称作“凹凸寺”。张僧繇的画法正是敦煌壁画北凉至北魏壁画中较为流行的西域式画法，六朝时代，张僧繇是与顾恺之、陆探微齐名的著名画家，张彦远评价说，“象人之貌，顾得其神、陆得其骨、张得其肉”。中国绘画讲究神韵，能够传神的艺术应是最高的，顾恺之的人物画在当时是评价最高的；陆探微的绘画很讲究用笔，所谓“骨法用笔”，就是指在线描方面的成就，他代表了以线描造型的传统绘画方法；而“张得其肉”，就是把人物身体表现出一种立体感而使其具有真实性，张僧繇是吸取和融合了西域绘画技法而取得较高成就的。

顾恺之、陆探微的绘画风格注重用笔，形体清瘦的中原式绘画虽然在西魏时代已经传入了敦煌，但并没有很快在敦煌石窟中普及，敦煌仍然在不断地接受着来自西域的影响，所以北周和隋代的洞窟都出现了西域式和中原式绘画两种风格并存的局面，这一局面也反映了当时中原内地的绘画多种风格并存的状况。

隋代以后，中原式的造型与西域式的造型逐渐融合，并形成了新的造型风格，既不同于西域式那种只强调晕染、不

菩萨　莫高窟第420窟西壁龛北侧　隋

菩萨　莫高窟第276窟西壁龛南侧　隋

注重神采的造型，也不同于中原式那种只注重线描、不注重形体的概念化的造型，而是注重神韵并兼顾写实、以线描为主兼顾色彩晕染的写实主义的造型艺术。隋代壁画中出现了两种造型风格：一种是描绘细腻，注意色彩晕染和装饰性的“细密派”，以第419窟、420窟、427窟为代表。一种是注重用笔，色彩较少，甚至不加晕染的“简淡派”，代表性洞窟有第276窟、303窟等。

唐代以后，由于统一的国家经济、文化高度发达，敦煌美术与中原美术发展几乎同步，以当时的首都长安为中心的中原地区流行的风格很快就会影响到敦煌，敦煌壁画进入了极盛时期，画家们熟练地运用不同的手段，塑造出不同性格的形象，留下了许多杰出而生动的作品。唐代以后的绘画很难看出明显的外来风格与中原风格的区分，但当时中原画家的风格流派也或多或少地影响到了敦煌，使敦煌壁画也呈现出百花齐放的局面。

初唐画家阎立本以写实精神创作了《凌烟阁功臣图》《秦府十八学士图》等，都是直接对当时的人物进行写生而创作的，在当时赢得了很高的声誉。他还创作了表现外国人物的《职贡图》，表现帝王的《步辇图》和《历代帝王图》。如果对比现存于波士顿美术馆的《历代帝王图》以及宋人模刻的《凌烟阁功臣图》（现存陕西省麟游县），敦煌壁画中就有不少类似的绘画作品，如初唐第220窟东壁、第335窟北壁的维摩诘经变中有帝王图，第323窟佛教史迹画中的国王与大臣形象，第45窟观音经变中的部分人物像等等，这些人物形象写实，服装规范与阎立本画中一致，无疑是在阎立本一派画风影响下创作的。由于阎立德、阎立本兄弟在初唐宫廷中先后长期担任负责建筑与装饰的长官（将作大匠），阎立本后来被提升为右相，参与国家大事，所以阎氏的绘画风格在全国范围内产生较大的影响也是很好理解的。

盛唐时代，被称为画圣的吴道子活跃于画坛，把中国人物画艺术推向了高峰。苏轼评论唐代的艺术，说："故诗至于杜子美，文至于韩退之，书至于颜鲁公，画至于吴道子，而古今之变，天下之能事毕矣。"说明了吴道子在中国绘画史的地位。吴道子在当时长安和洛阳一带的寺院中创作了大量的壁画，其中如地狱变等绘画使观者"腋汗毛耸，不寒而栗"，据说许多屠夫渔民见了长期都不敢再从事屠宰的行当，说明其感染力是很强的。吴道子还创造了兰叶描的技法，"其势圆转而衣服飘举"，即所谓"吴带当风"。这种线描的特点在于"用笔磊落"而富于变化，能表现完整的气韵，所以吴道子奉诏画嘉陵江山水时，"一日而就"。而当时的山水画家李思训画同一题材则用了三个月。由于吴道子的线描水平极高，他常常画完线描，让弟子们上色，而弟子们不敢覆盖了他的线描，常常用淡色，以突出他的线描，于是就形成了重线描而减淡色彩的风格。盛唐以后的敦煌壁画中也出现了很多线描技法优秀的壁画作品，可以看作是吴道子一派的绘画风格。如第103窟维摩诘经变、第217窟龛内及南北壁经变画中的人物形象、第158窟涅槃经变中的

佛弟子　莫高窟第217窟龛内　盛唐

人物形象等等。

盛唐时期李思训、李昭道父子开创了青绿山水画，以青绿重色表现出富丽堂皇的气象，深受时人喜欢。李思训官至右武卫大将军，人称“大李将军”，而把他的儿子李昭道称为“小李将军”。唐代的评论家说李思训为“国朝山水第一”，可惜他的山水画真迹已经不存，台北故宫有传为李思训的《江帆楼阁图》和传为李昭道的《明皇幸蜀图》，都是后人临摹品。但在敦煌壁画中却有不少青绿山水画面，为我们了解李思训一派山水画的原貌提供了真实的依据。莫高窟盛唐第217窟、103窟、148窟、172窟等窟都有不少青绿山水画的作品，特别是第217窟和103窟南壁经变画中的山水，具有相对的独立性，山水构图完整，线描劲健，色彩绚丽而不俗，体现出李思训画风的特色。

五代以后的敦煌曹氏政权偏安一隅，与中原的联系时断时续，中原绘画的变化不太容易影响到敦煌，曹氏政权仿照中原王朝的体制，建立了画院，这一时期的莫高窟壁画都由画院的画工制作，但缺乏新的变化，逐渐流于形式化而走向衰退。西夏占领敦煌后，新开了一些洞窟，如榆林窟第3窟、第2窟等，反映出传自中原的新型水墨山水画风。

中国美术发展到两宋以后，山水花鸟画兴起，取代了人物画的地位，特别是文人参与了绘画、引诗、以书入画，使中国绘画更加强调文学性，人们对于绘画的认识、评价往往是重山水而轻人物，重意境而轻造型，形成了中国绘画的新的时尚，明清以后的中国绘画更进一步发展着这种趋势。从这个意义上说，敦煌艺术为我们展示出一个与明清以来传统理念上的“中国绘画”完全不同的世界，即是以人物造型为主的美术，通过完美的人物形象来表现佛、菩萨等佛教尊像，通过描绘人间现实的宫殿、风景等来表现佛教天国的境界，是宗教的想象力与表现的写实性完美结合的艺术。

主要参考文献

1. 松本荣一《敦煌画の研究（图像篇）》，东京：东方文化学院东京研究所，1937年。

2. 姜亮夫《敦煌——伟大的文化宝藏》，上海：上海古典文学出版社，1956年。

3. 潘絜兹《敦煌莫高窟艺术》，上海：上海人民出版社，1957年。

4. 敦煌文物研究所编《敦煌研究文集》，兰州：甘肃人民出版社，1982年。

5. 敦煌文物研究所编《中国石窟·敦煌莫高窟》（1—5卷），北京：文物出版社，1982—1987年。

6. 敦煌研究院编《敦煌石窟鉴赏从书》（1—3辑），兰州：甘肃人民美术出版社，1991—1995年。

7. 伯希和《敦煌石窟笔记》（耿升、唐健宾译），兰州：甘肃人民出版社，1993年。

8. 段文杰《段文杰敦煌艺术论文集》，兰州：甘肃人民出版社，1994年。

9. 赵声良、张艳梅《莫高窟》，北京：知识出版社，1995年。

10. 东山健吾《敦煌三大石窟》，东京：讲谈社，1996年。

11. 宿白《中国石窟寺研究》，北京：文物出版社，1996年。

12. 姜伯勤《敦煌艺术宗教与礼乐文明》，北京：中国社会科学出版社，1996年。

13. 季羡林主编《敦煌学大辞典》，上海：上海辞书出版社，1998年。

14. 敦煌研究院编《敦煌石窟全集》（1—25卷），香港：商务印书馆，1999—2005年。

15. 荣新江《敦煌学十八讲》，北京：北京大学出版社，2001年。

16. 史苇湘《敦煌历史与莫高窟艺术研究》，兰州：甘肃教育出版社，2002年。

17. 樊锦诗、赵声良《灿烂佛宫——敦煌莫高窟考古大发现》，杭州：浙江文艺出版社，2004年。

18. 贺世哲《敦煌石窟论稿》，兰州：甘肃民族出版社，2004年。

19. 施萍亭《敦煌习学集》，兰州：甘肃民族出版社，2004年。

20. 赵声良《飞天艺术——从印度到中国》，南京：江苏美术出版社，2008年。

21. 敦煌研究院编《莫高窟史话》，南京：江苏美术出版社，2009年。